OBSERVATIONS

SUR QUELQUES ARTICLES

DU

RÈGLEMENT D'ADMINISTRATION PUBLIQUE

Du 15 Novembre 1846

PRÉSENTÉES

A Monsieur le Ministre des Travaux Publics

PAR LES

COMPAGNIES DE CHEMINS DE FER.

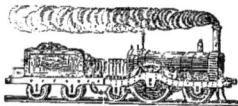

PARIS

IMPRIMERIE CENTRALE DES CHEMINS DE FER

DE NAPOLÉON CHAIX ET Cie,

Rue Neuve-des-Bons-Enfants, N° 7.

1847.

OBSERVATIONS

SUR QUELQUES ARTICLES

DU

RÈGLEMENT D'ADMINISTRATION PUBLIQUE

Du 15 Novembre 1846.

———— ✦ ————

MONSIEUR LE MINISTRE,

Les Compagnies de Chemins de fer ici représentées (¹) ont pensé
qu'il était de leur intérêt et même de leur devoir de se réunir pour
vous présenter leurs observations au sujet de l'ordonnance royale du
15 novembre 1846, portant règlement d'administration publique sur

---

(1) Andrezieux à Roanne.
Amiens à Boulogne.
Centre.
Dieppe et Fécamp.
Montereau à Troyes.
Mulhouse à Thann.
Nord.
Orléans à Bordeaux.
Paris à Orléans.

Paris à Lyon.
Paris à Rouen.
Paris à Saint-Germain.
Paris à Versailles (rive droite).
Paris à Versailles (rive gauche).
Rouen au Havre.
Saint-Étienne à Lyon.
Strasbourg à Bâle.
Tours à Nantes.

Ont adhéré postérieurement :

Bordeaux à la Teste.

Paris à Strasbourg.

la police, la sûreté et l'exploitation des Chemins de fer, et pour établir, en même temps, les réserves qu'elles croient devoir faire au sujet
des articles de ce règlement qui ne s'accordent pas avec les stipulations des lois et des cahiers de charges sous le régime desquels les
Compagnies de Chemins de fer ont été placées par leurs concessions.

Rédigées en commun, ces observations sont plus précises; elles
portent sur des questions d'un intérêt plus général et dont, sous cette
forme, l'examen devient plus facile pour l'autorité.

Les réclamations que les Compagnies ont l'honneur de vous adres-
ser, Monsieur le Ministre, et les réserves qu'elles croient devoir faire,
ne s'appliquent nullement au contrôle et à la surveillance de l'autorité,
ni aux mesures que le règlement prescrit, *en ce qui concerne la sécurité publique ;* ces mesures sont généralement d'accord avec celles
déjà prescrites par les Compagnies elles-mêmes, sauf quelques observations de détail qui rentrent dans l'exploitation spéciale à chaque
Compagnie.

Mais le règlement ne se contente pas de fixer ces principes; il entre dans les détails du service intérieur des Compagnies; il y fait intervenir l'autorité et ses agents, que [ces [détails intéressent ou non la
sécurité publique.

Ici se présente d'abord une difficulté pratique : l'exploitation des
Chemins de fer se compose de règlements et d'ordres de service successivement perfectionnés et auxquels l'expérience de chaque jour peut
ajouter de nouvelles modifications.

Tout en veillant à l'exécution de leurs règlements et de leurs ordres
de service, les Compagnies tiennent compte des difficultés que cette

exécution peut rencontrer; elles accordent quelque latitude à la pratique et à l'intelligence de leurs employés.

Vous reconnaissez, Monsieur le Ministre, dans le rapport au Roi que

« Les Compagnies sont chargées directement de l'exploitation des chemins
» de fer ; qu'elles en sont responsables vis-à-vis du public comme vis-à-vis
» de l'Administration ; qu'elles ont un intérêt immense à prévenir les acci-
» dents et à organiser un service qui inspire sécurité et confiance ; que les
» études journalières auxquelles elles doivent se livrer dans ce but, que l'ex-
» périence qu'elles acquièrent chaque jour les mettent à même de recon-
» naître et de constater les changements et les améliorations qu'il convient
» d'apporter à telle ou telle partie de l'exploitation. »

Vous ajoutez :

« Le système établi par le règlement assure, dans une juste mesure, aux
» Compagnies exploitantes la liberté d'action qu'il est indispensable de leur
» laisser, si l'on veut que leur responsabilité soit sérieuse et réelle ; il ouvre
» accès aux idées nouvelles, au progrès de toute nature que les hommes im-
» médiatement préposés à la pratique des Chemins de fer sont plus à même
» que tous les autres de concevoir et de réaliser. »

Comment concilier avec ces principes le texte de l'article 79 du règlement qui dit :

« Seront constatées, poursuivies et réprimées, conformément au titre III de
» la loi du 15 juillet 1845 sur la police des Chemins de fer, les contraventions
» au présent règlement, aux décisions rendues par le ministre des travaux
» publics et aux arrêtés pris sous son approbation par les préfets pour l'exé-
» cution dudit règlement ? »

Que devient la liberté d'action qu'il est juste de laisser aux Compagnies, si l'ordonnance royale d'administration publique se substitue, avec ses règles absolues, aux règlements particuliers et essentiellement modifiables des Compagnies, et cela jusques dans les derniers détails du service intérieur, que les Compagnies elles-mêmes sont obligées d'abandonner à l'intelligence de leurs agents;—si, après l'ordonnance royale, des décisions ministérielles et des arrêtés préfectoraux se substituent aux ordres de service journaliers des Compagnies et soumettent ainsi tous les actes de leurs agents aux pénalités de l'article 79 du règlement?

Il y a là, Monsieur le Ministre, une contradiction manifeste entre le texte et l'esprit du règlement, sur laquelle nous avons cru devoir appeler votre sérieuse attention, avant d'entrer dans la discussion des articles sur lesquels nous avons à présenter des observations spéciales.

Mais, indépendamment de cette contradiction, le rapport au Roi soulève une grave question de droit en assimilant les Chemins de fer concédés aux Chemins de fer non concédés.

Ainsi, pour les Chemins de fer concédés, tout en se réservant la propriété des lignes et leur retour au terme de la concession, l'État en a réellement aliéné l'exploitation au profit des Compagnies par la loi et les cahiers de charges. Le contrat intervenu sous cette forme et avec ces garanties entre l'État et les Compagnies, en réglant les conditions de la construction et de l'exploitation, a évidemment placé, en ce qui touche le domaine public, les Chemins de fer concédés dans une tout autre position que les Chemins de fer non concédés.

De ce que, dans les actes de concession, l'tÉat s'est réservé de déterminer par des règlements d'administration publique les mesures nécessaires pour assurer la police, la sûreté et l'usage du Chemin de fer et des ouvrages qui en dépendent, il ne s'en suit pas que l'État puisse, pour les chemins concédés, changer les directions de tracé, les conditions de construction, la durée de la concession, les tarifs, etc., etc., tandis que l'État peut disposer, comme il l'entend, des chemins non concédés, qu'il peut les faire passer où il veut et même les exploiter gratuitement, s'il le juge convenable. Cette assimilation des Chemins de fer concédés et non concédés ne peut s'appliquer qu'aux mesures réclamées par la sécurité publique, mais nullement à l'exploitation commerciale des Compagnies, telle qu'elle a été établie par leurs cahiers de charges.

A ce point de vue de l'exploitation commerciale, les règlements d'administration publique prévus par les cahiers de charges ne peuvent donc pas détruire le contrat passé entre l'État et les Compagnies, ni changer les juridictions établies pour juger les contestations y relatives.

Il est, en outre, positif qu'au point de vue de la sécurité publique, la loi du 15 juillet 1845, sur la police des Chemins de fer, a défini des contraventions, des délits et des crimes, qu'elle a fixé des pénalités et qu'elle a établi aussi des juridictions pour les appliquer.

Les observations que les Compagnies vont avoir l'honneur de vous présenter, Monsieur le Ministre, et les réserves qu'elles croient devoir faire au sujet de plusieurs articles du règlement, n'ont pour objet que le maintien des engagements réciproques résultant des cahiers de charges, et des juridictions établies tant par les cahiers de charges que par la loi du 15 juillet 1845.

La discussion qui va suivre justifiera ces observations quant au fond. Pour les justifier dans la forme, il suffira sans doute de vous faire remarquer, Monsieur le Ministre, — d'une part, qu'aux termes de leurs cahiers de charges, toutes les Compagnies ont un droit égal à être entendues sur les règlements d'administration publique concernant la police, la sûreté, l'usage et la conservation des Chemins de fer qui leur sont concédés; que néanmoins un assez grand nombre de Compagnies signataires du présent Mémoire n'ont pas reçu communication du règlement du 15 novembre, encore bien qu'elles y soient intéressées aussi directement que les autres; que, par conséquent, ce règlement ne pourrait pas être considéré comme obligatoire pour elles tant qu'elles n'auraient pas été admises à vous présenter leurs observations sur sa rédaction; — d'autre part, que le règlement promulgué diffère sur plusieurs points de détail, et dans l'ensemble même du système, des deux projets dont certaines Compagnies ont successivement reçu communication en juillet 1844 et décembre 1845; que l'Administration ne peut pas refuser d'entendre ces Compagnies dans les observations nouvelles qu'elles peuvent avoir à présenter sur certaines dispositions nouvelles introduites postérieurement dans la rédaction définitive, et sur lesquelles, par suite, elles n'ont pas pu être entendues jusqu'à présent (1).

Qu'il soit permis d'ajouter ici, Monsieur le Ministre, que, s'il a été fait droit à quelques-unes des observations présentées sur les projets de

(1) Voir notamment les art. 44, 69 et 70.

1844 et de 1345, il y a été fait droit seulement dans ce qu'on pourrait appeler les mesures de détail du règlement.

Quant aux points importants, ceux qui touchaient, soit à ce que les Compagnies considèrent comme l'objet même de leur concession et comme constituant pour elles des droits véritables de propriété, soit aux conditions civiles et commerciales de leur contrat avec l'État, soit aux juridictions compétentes pour connaître de leurs contestations avec l'État ou avec les particuliers, les Compagnies ont vu avec regret, et avec inquiétude en même temps, que les réclamations les plus justes et les mieux fondées, suivant elles, sont demeurées sans aucun résultat.

Pour rassurer complètement des intérêts si respectables tout à la fois par l'importance des capitaux engagés et par le nombre toujours croissant des porteurs d'actions de Chemins de fer, les Compagnies avaient cru pouvoir solliciter l'addition d'un article final qui aurait prévenu toute confusion fâcheuse, qui ne pouvait présenter aucun inconvénient d'aucun genre au point de vue de l'intérêt public, et qui se trouve consacré par un grand nombre de règlements d'administration publique.

Elles prennent la liberté de reproduire ici cette demande.

ARTICLE FINAL DONT L'ADDITION EST SOLLICITÉE PAR LES COMPAGNIES :

« Le présent règlement et les arrêtés pris par les préfets, sous l'approbation du » ministre des travaux publics, pour l'exécution des dispositions qu'il renferme, » ne pourront en rien nuire ni préjudicier aux droits résultant, en faveur de » chaque compagnie en particulier, des lois, cahiers de charges et ordonnances » réglementaires les concernant. »

2

DISCUSSION.

PREMIÈREMENT.

ARTICLE 1ᵉʳ.

« L'entrée, le stationnement et la circulation des voitures publiques ou
» particulières destinées soit au transport des personnes, soit au transport
» des marchandises, dans les cours dépendant des stations des chemins de
» fer, seront réglés par des arrêtés du préfet du département. Ces arrêtés ne
» seront exécutoires qu'en vertu de l'approbation du ministre des travaux
» publics. »

ART. 70.

« Aucun crieur, vendeur ou distributeur d'objets quelconques, ne pourra
» être admis par les Compagnies à exercer sa profession dans les cours ou
» bâtiments des stations et dans les salles d'attente destinées aux voyageurs,
» qu'en vertu d'une autorisation spéciale du préfet du département. »

§ 1ᵉʳ.

L'article premier du règlement est en opposition avec les cahiers
de charges existants qui, tous, sans exception, ont consacré, dans un
article exprès, le droit pour les Compagnies d'intervenir, soit *par voie de
proposition*, soit au moins *par voie d'observations* dans tous les règlements concernant les Chemins de fer dont l'exploitation leur est confiée,
règlements *de police, de sûreté, d'usage* et *de conservation*, aussi bien
que règlements *d'exploitation* et *de service*.

Pour constater la contradiction signalée, il suffit de rapprocher les
deux textes.

L'article commun à tous les cahiers de charges est conçu dans les termes suivants, ou dans des termes analogues :

« Des règlements d'administration publique, *rendus après que la Compa-*
» *gnie aura été entendue,* détermineront les mesures et les dispositions néces-
» saires pour assurer la *police, la sûreté, l'usage* et *la conservation* du chemin
» de fer et des ouvrages qui en dépendent.....

» La Compagnie est autorisée à faire, sous l'approbation de l'Administra-
» tion, les règlements qu'elle jugera utiles pour *le service* et *l'exploitation* du
» chemin de fer.

» Les règlements dont il s'agit dans les deux paragraphes précédents se-
» ront obligatoires pour la Compagnie et pour toutes celles qui obtiendront
» ultérieurement l'autorisation d'établir des lignes de chemins de fer d'em-
» branchement ou de prolongement, et en général pour toutes les personnes
» qui emprunteraient l'usage du chemin de fer. »

De son côté, l'article 1er de l'ordonnance décide que tous les règlements, *quels qu'ils soient,* concernant l'entrée, le stationnement et la
circulation des voitures publiques ou particulières destinées, soit au
transport des personnes, soit au transport des marchandises dans les
cours dépendant des Chemins de fer, émaneront des préfets sous l'approbation du ministre des travaux publics, et sans participation aucune
des Compagnies à la préparation des règlements.

Cet article 1er décide donc le contraire précisément de ce qui a été
décidé par les cahiers de charges, c'est-à-dire par les conventions pas-
sées entre l'État et toutes les Compagnies concessionnaires.

Une rédaction analogue à la rédaction définitive se trouvait dans le
premier projet de règlement de police communiqué aux Compagnies
en juillet 1844.

Les Compagnies en ont demandé la suppression.

Elles persistent à penser que, d'après la lettre et d'après l'esprit de l'article précité de leurs cahiers de charges, les règlements à faire concernant l'entrée, le stationnement et la circulation des voitures publiques ou particulières dans les cours des gares et stations de voyageurs, et bien plus encore dans les cours des gares et stations de marchandises, sont des règlements de service et d'exploitation.

Qu'à ce titre, ces règlements doivent être faits par les Compagnies qui, seules, connaissent dans leur détail les besoins de l'exploitation dont elles sont chargées et dont elles répondent.

Le rapport au Roi pose en principe que l'autorité ne doit intervenir dans les règlements de cette nature que pour donner ou refuser son approbation. Le règlement lui-même provoque, dans vingt articles, les propositions des Compagnies sur certaines mesures de détail, l'Administration reconnaissant qu'elle ne pourrait statuer convenablement sur ces points si elle agissait seule et de son propre mouvement.

On ne comprend pas par quel motif, lorsqu'il s'agit des cours, c'est-à-dire de la partie du Chemin de fer qui ne présente aucun danger pour la sûreté de la circulation, le règlement repousse non seulement toute proposition, mais encore toute observation des Compagnies.

Comment peut-on supposer que, dans des gares de voyageurs comme celles de la rue St-Lazare, pour Versailles et Saint-Germain; de la rue d'Amsterdam, pour Rouen, le Havre, Dieppe et Fécamp; du boulevard de l'Hôpital, pour Orléans et les au-delà; dans des gares de marchandises comme celles d'Ivry, de Batignolles et du Nord, l'entrée, le stationnement et la circulation des voitures puissent être réglés d'une manière absolue par l'autorité et sans l'intervention des Compagnies ?

Comment, et dans quel but peut-on vouloir interdire à chaque Compagnie le droit de signaler à l'administration publique les inconvénients d'un règlement de ce genre quand il sera fait, le droit d'en proposer ou d'en apprécier les modifications quand il deviendra nécessaire de le modifier pour le mettre en harmonie avec toutes les exigences d'un service si compliqué, si varié, si difficile ?

On conçoit qu'une ordonnance de police puisse régler le stationnement et la circulation des voitures sur la voie publique, soit pour une cérémonie publique où tout est prévu et disposé d'avance, soit pour l'entrée et la sortie d'un spectacle où tout se reproduit chaque jour de la même manière et dans le même ordre ; mais les cours des gares et stations ne sont évidemment point des voies ni des places publiques, dans l'acception générale de ce mot ; car l'usage n'en appartient pas à toute espèce de public ; il ne peut être réclamé que par le public ayant usé directement ou indirectement du chemin de fer dont elles dépendent. Ce sont des emplacements dont le premier établissement pour certains chemins, dont l'entretien pour tous, sont à la charge de la Compagnie concessionnaire ; dont la Compagnie concessionnaire pourrait modifier l'usage dans l'intérêt du service ; qui, tout en servant à un certain public comme moyen d'accès au chemin de fer, servent en même temps et surtout à la Compagnie, comme lieu de dépôt pour la réception des marchandises, comme magasin pour l'entrepôt entre la réception et l'expédition comme atelier de déchargement et de chargement à l'arrivée et au départ.

Il n'y a donc aucune analogie à établir, ni en droit ni en fait, entre les cours des stations de Chemins de fer et les voies ou les places publiques proprement dites.

Dans l'état actuel, et sans parler de l'avenir, plusieurs des gares existant à Paris ou dans la banlieue ont, en déchargement de camions, rangement, et chargement sur wagons, déchargement de wagons, rangement, et chargement sur camions, des mouvements qui s'élèvent, par jour, à mille ou deux mille tonnes.

Tous ces mouvements s'opèrent par les agents de la Compagnie. Comment peut-on comprendre qu'ils soient réglés en dehors de son autorité?

Ils s'opèrent sous la responsabilité de la Compagnie. Comment peut-on comprendre qu'ils soient réglés par autre que par elle?

L'article 50 du règlement impose aux Compagnies de minutieuses observances, depuis le moment où les marchandises leur sont remises, jusqu'au moment où elles sont rendues par elles. N'est-ce pas là reconnaître que les Compagnies, et les Compagnies seules, peuvent régler le service dans toutes les dépendances de leurs Chemins?

Dira-t-on que l'article 1er attribue à l'administration publique le droit de régler le mouvement des voitures dans les cours des gares et stations seulement, et non dans les gares et stations elles-mêmes. Mais où est la distinction, où sera la limite entre une station et la cour dépendant de cette station?

Voici un local pour l'approche et le déchargement des marchandises ou des voyageurs du côté du départ.—En voilà un autre du côté de l'arrivée.—Ces locaux sont découverts. Sont-ce, pour cela, des cours en dehors de l'autorité de la Compagnie?

Voici d'autres locaux ayant même destination et qui sont couverts ; sont-ce, pour cela, des gares en dehors de l'autorité du préfet ?

En fait, la distinction n'existe pas ; elle est matériellement impossible.

Il suffit d'assister, pendant quelques heures, aux manœuvres d'une gare pour se convaincre que, si les compagnies ne peuvent régler, et selon les besoins de leur service, l'ordre dans lequel doivent s'opérer l'arrivée, le stationnement et la circulation des voitures qui apportent ou enlèvent les voyageurs et les marchandises, l'espace d'aucune gare ne sera jamais assez vaste, le temps dont on peut disposer entre deux convois ne sera jamais assez long, le personnel même le plus nombreux ne sera jamais suffisant ; que des erreurs et des retards, des avaries et des soustractions, des embarras et des difficultés de toute sorte résulteront de ce désordre ; qu'en un mot, l'exploitation deviendra ruineuse et, dans certains cas, impossible.

Il est vrai, comme le dit le rapport au Roi, que plusieurs fois déjà des contestations relatives à l'usage des cours des stations ont été portées devant les tribunaux ; mais les tribunaux ont jugé ces contestations par application et en conformité des cahiers de charges : ils ont décidé que les Compagnies ne pouvaient pas, par leurs règlements, favoriser les uns au préjudice des autres, et qu'elles devaient maintenir entre tous la plus complète égalité.

Jamais ils n'ont eu la pensée ni de contester, ni d'enlever aux Compagnies le droit de disposer de leurs cours et stations selon les convenances de leur exploitation, le droit de faire elles-mêmes, sauf l'approbation de l'administration publique, les règlements qu'elles jugeraient utiles pour le service dans ces cours comme dans les stations dont elles dépendent.

Les décisions des tribunaux, pas plus que les contestations qui y ont donné lieu, ne peuvent donc ni motiver, ni expliquer la disposition de l'article 1er, qui attribue à l'Administration seule et qui enlève, par cela même, aux Compagnies, le droit de faire les règlements de service pour l'entrée, le stationnement et la circulation des voitures dans les cours, dont elles sont concessionnaires comme des Chemins de fer eux-mêmes (1).

§ II.

Dans les deux projets de 1844 et de 1845, la disposition de l'art. 70 se trouvait placée comme une conséquence de l'article 1er, immédiatement après cet article.

Les Compagnies n'y avaient pas fait objection, parce que l'autorisation administrative était exigée seulement pour les crieurs ou distributeurs d'annonces ou de journaux.

Mais, dans l'article 70, on a étendu cette prescription aux distributeurs *d'objets quelconques*. Les Compagnies ne peuvent pas se dispenser de faire remarquer que cette extension pourrait avoir pour résultat

---

(1) Pour juger les conséquences de l'article premier, il suffit de citer un arrêté de M. le préfet de Loir-et-Cher, en date du 24 août 1846, qui, dès avant le règlement d'administration publique du 15 novembre dernier, et pour régler les conditions du service des omnibus et autres voitures publiques destinées à transporter les voyageurs et leurs bagages, amenés par le chemin de fer au débarcadère de Blois, décide : 1° qu'aucun omnibus ou autre voiture ne pourra entrer dans l'intérieur de la gare ; 2° que les voitures stationneront sur un emplacement extérieur, désigné dans l'arrêté ; 3° que les bagages des voyageurs devront être portés par les seuls préposés du chemin de fer de la gare aux omnibus et même des omnibus à la gare.

La compagnie d'Orléans à Bordeaux a réclamé contre cet arrêté, qui non-seulement la prive, elle et le public, de l'usage de son débarcadère, mais qui oblige encore ses employés à un service extérieur et sans rémunération.

L'art. 1er du règlement aurait pour résultat de légitimer les dispositions de cet arrêté.

de leur enlever la faculté, qui ne leur a jamais été contestée jusqu'à ce jour, d'établir dans leurs gares et suivant l'importance de chacune d'elles, des restaurants ou des marchands de comestibles, des distributions même d'imprimés concernant leur propre service.

On comprend que, dans les rues de Paris, aucune vente ne soit permise sans autorisation de M. le Préfet de police, parce que si cette vente n'intéresse pas l'ordre public, comme celle des journaux, elle intéresse toujours la petite voirie, et que l'autorité municipale qui en a les charges peut en faire payer la surveillance et l'entretien à ceux qui y font un trafic d'objets quelconques.

Mais, dans les cours et stations des Chemins de fer, l'entretien et la surveillance sont à la charge des Compagnies concessionnaires ; c'est à elles seules, par conséquent, qu'il appartient d'autoriser des ventes ou distributions de cette nature, en percevant ou ne percevant pas d'indemnité.

DEUXIÈMEMENT.

ART. 17.

« Tout convoi ordinaire de voyageurs devra contenir, en nombre suffisant,
» des voitures de chaque classe, à moins d'une autorisation spéciale du mi-
» nistre des travaux publics. »

Le rapport au Roi ajoute, à propos de cette disposition :

« Le public, prévenu des heures de départ, doit trouver à ces mêmes heu-
» res et à son *désir* des moyens certains de transport ; cette obligation impo-
» sée aux Compagnies ne peut pas être contestée. Elle doit être la loi com-

3

» mune des Chemins de fer ; aussi nous l'avons inscrite en tête du titre III.
» Mais, d'un autre côté, on conçoit aussi que, dans l'intérêt du public même,
» cette obligation ne peut s'étendre à certains convois, par exemple aux con-
» vois directs, qui ne s'arrêtent qu'à un très-petit nombre de stations et
» qui sont généralement animés d'une vitesse qui n'est pas nécessaire à tou-
» tes les classes de la société. »

La disposition du règlement est précise, mais les motifs de cette disposition, tels qu'ils sont exprimés dans le rapport au Roi, peuvent donner lieu à une équivoque.

Si le rapport a voulu dire que cette obligation, par cela seul qu'elle
sera introduite dans le règlement de police, ne pourra pas être contestée, il a posé en principe ce qui précisément est mis en question
par les Compagnies.

S'il a voulu dire, au contraire, que cette obligation ne peut pas être
contestée dans le règlement de police, parce qu'elle aurait été imposée
aux Compagnies dès avant ce règlement et par leurs cahiers de charges,
il a commis une erreur matérielle qu'il est indispensable de rectifier.

Cette obligation existe dans quelques cahiers de charges les plus récents, mais elle n'existe pas dans les cahiers de charges antérieurs
à 1844.

Pour les Compagnies d'institution récente, qui ont souscrit cette
obligation dans leurs cahiers de charges, de deux choses l'une : ou bien
la reproduction dans le règlement de police ne change pas la nature de
l'obligation, et, alors, c'est une répétition inutile; ou bien elle change
la nature de l'obligation, et alors le règlement de police se met au-
dessus de la loi et au-dessus du contrat qu'elle a consacré.

Quant aux Compagnies d'institution ancienne, qui n'ont pas souscrit cette obligation étroite dans leurs cahiers de charges, elles sont fondées à demander qu'elle ne leur soit imposée, ni comme obligation de droit civil, ni, à plus forte raison, comme obligation de droit criminel.

Cela veut-il dire que ces Compagnies pourraient mettre uniquement et exclusivement des voitures de telle ou telle classe dans tous leurs trains, qu'elles pourraient, par conséquent, supprimer l'usage de telle ou telle classe de voitures, suivant leur caprice?

Non, sans doute. — Mais une loi pénale, plus encore que toute autre loi, doit être faite en vue des cas qui se reproduisent dans le cours ordinaire des choses, et la supposition qui précède est une supposition impossible.

Si un pareil fait se produisait, en contradiction avec l'intérêt même de la Compagnie exploitante, ce n'est pas avec le règlement de police que l'Administration pourrait l'atteindre efficacement et le faire cesser; c'est avec les cahiers de charges, car les cahiers de charges contiennent l'obligation générale d'exécuter le transport des voyageurs et, dans ce cas, cette obligation ne serait véritablement pas accomplie dans le sens où elle a été entendue par le contrat.

Mais jamais rien de semblable ne s'est produit et ne se produira, on ne craint pas de l'affirmer d'avance, dans l'exploitation des Chemins de fer par des Compagnies.

Si, aujourd'hui, certaines Compagnies exploitantes, qui n'en ont pas contracté l'obligation dans leurs cahiers de charges, se dispensent de mettre telle ou telle classe de voitures dans tels ou tels trains, c'est :

1° parce que ces trains sont des trains de marchandises, et le règlement lui-même consacre cette distinction ; 2° parce que ce sont des trains à grande vitesse, et le rapport au Roi reconnaît que cette exception est, pour ainsi dire, de nécessité publique ; 3° parce que ce sont des trains spéciaux ayant une affectation tout à fait extraordinaire, et, à ce titre, ils seraient dispensés encore par le texte même du règlement.

Mais en dehors de ces trains qui sont véritablement exceptionnels, qui sont plus que cela, qui sont essentiellement facultatifs pour les Compagnies, elles maintiennent toujours un nombre de trains ordinaires suffisants pour ce qu'on peut appeler le *service public ordinaire*, et, dans ces trains ordinaires, des voitures de toutes classes sont offertes en quantité suffisante pour tous les besoins du public... autant toutefois que la prévision humaine peut calculer à l'avance quels seront chaque jour les véritables besoins du public.

Quand le service ordinaire est ainsi réglé et assuré, les Compagnies sont seules maîtresses d'y ajouter d'autres trains et de régler, pour ces autres trains, les conditions qui leur paraissent les plus avantageuses pour elles-mêmes, c'est-à-dire le mieux appropriées aux convenances de certaines classes de public, auxquelles ces trains semblent devoir convenir plus particulièrement.

Il faut ajouter, d'ailleurs, une dernière observation qui, pour le passé, justifie les Compagnies de tout reproche et qui, pour l'avenir répond à toutes les craintes qui pourraient se manifester, c'est que, dans la plupart de ces trains facultatifs, lorsque les voitures de troisième classe découvertes sont supprimées, les Compagnies ne les suppriment que pour offrir un avantage et un attrait de plus au public en donnant les voitures de première et de deuxième classes au prix réduit des voitures de deuxième et troisième classes, ce qui rend l'adjonction de ces dernières voitures complètement inutile.

Si les Compagnies étaient contraintes par le règlement de police à mettre des voitures de toutes classes dans tous les trains, il en résulterait cette conséquence qu'elles supprimeraient immédiatement, ou certains trains facultatifs, ou les réductions de prix qu'elles ont pu consentir dans ces trains facultatifs en faveur de toutes ou de certaines classes de voitures en particulier.

Dans ce système, le public, pris dans son acception la plus générale, perdrait donc beaucoup et comme commodité et surtout comme dépense d'argent.

Un petit nombre de personnes aisées y gagneraient seules pour leurs rapports entre Paris et les maisons de campagne environnantes.

Mais l'augmentation de dépense pèserait sur les voyageurs de deuxième et de troisième classes, qui sont les plus nombreux et dont l'administration publique doit plutôt se préoccuper.

Si le régime que veut établir le règlement d'administration publique devait être mis en pratique par comparaison au régime actuellement établi par les Compagnies, l'épreuve ne serait ni longue ni douteuse. Le public, que les Compagnies acceptent d'avance comme juge souverain de la question, se serait bientôt prononcé contre le nouveau système de l'Administration, qui sacrifie à un faux principe d'égalité mathématique et absolue, les convenances et les nécessités mêmes de toutes les classes de la société.

Dans l'article 17 du règlement, comme dans plusieurs autres, l'Administration semble avoir perdu de vue une grande et fondamentale distinction, qui a dominé toute la discussion de la loi sur la police des Chemins de fer.

Dans l'exploitation des Chemins de fer, les Compagnies concessionnaires peuvent contrevenir, — soit aux clauses de leurs cahiers de charges qui leur imposent certaines obligations civiles et commerciales relatives au transport des voyageurs et des marchandises, — soit aux règlements faits et à faire qui leur commandent certaines mesures de précaution pour assurer la sûreté de la circulation sur le Chemin.

Lorsque la loi sur la police des Chemins de fer sortit des mains de l'Administration pour être soumise à l'examen des Chambres, elle avait deux titres séparés correspondant à ces deux ordres d'idées si différents.

Le titre II était intitulé : « *Des mesures relatives à l'exécution des* » *contrats passés entre l'État et les Compagnies.* »

Le titre III : « *Des mesures relatives à la sûreté de la circulation sur* » *les Chemins de fer.* »

Le titre II a été rejeté en ce qu'il punissait d'amendes l'inexécution des obligations civiles et commerciales imposées aux Compagnies par les cahiers de charges, dans tout ce qui est relatif à leur exploitation.

Le titre III, au contraire, a été conservé avec sa rubrique telle qu'elle avait été rédigée par l'Administration dans le projet originaire, c'est-à-dire s'appliquant uniquement et exclusivement *aux mesures relatives à la sûreté de la circulation.*

L'article **21**, qui fait partie de ce titre III, intitulé : « *Des mesures* » *relatives à la sûreté de la circulation,* » peut-il conférer à l'Adminis-

tration le droit d'insérer dans ses règlements de *police* les obligations purement civiles et commerciales imposées aux Compagnies par
leurs cahiers de charges, et, par suite, le droit de soumettre l'inexécution de ces obligations civiles et commerciales, non seulement aux
peines proposées par elle-même et rejetées par les Chambres avec le
titre II du projet de loi de police, mais encore aux peines corporelles
qui, dans le projet comme dans la loi, ont toujours été expressément
réservées pour l'infraction aux règlements *concernant la sûreté de la
circulation ?*

En un mot, l'ordonnance royale pour l'exécution de la loi de police
peut-elle étendre, c'est-à-dire aggraver les peines prononcées par cette
loi de police, dont le texte est formel, dont l'intention a été complètement établie par une longue et lumineuse discussion, dont les sou-
venirs sont encore présents à tous les esprits ? — Cela serait contraire
à tous les principes en matière de législation et de droit public.

L'ordonnance royale du 15 novembre décide par son article 79 :

« Que les contraventions à ses dispositions seront constatées, poursuivies et
» réprimées, conformément au titre III de la loi sur la police des Chemins de
» fer. »

Les seules contraventions que le règlement ait pu placer sous l'application de l'article 21 de cette loi, ce sont les contraventions aux
dispositions règlementaires relatives *à la sûreté de la circulation sur
les Chemins de fer*, comme l'explique formellement le titre III sous
lequel cet article 21 a été rangé.

La suffisance ou l'insuffisance du nombre de voitures de chaque classe entrant dans la composition d'un train , ce n'est pas là une question de sûreté publique.

Ce n'est pas un fait simple, dont on puisse demander compte à tel ou tel agent : c'est un fait complexe, qui dépend de la volonté d'un grand nombre de personnes , du public bien plus encore que des employés, et que, fort souvent, les agents les plus habiles et les plus expérimentés ne peuvent ni prévoir ni empêcher.

Si l'insuffisance de voitures d'une classe quelconque à une station quelconque constitue un délit passible des peines de l'article 21 de la loi de police, c'est, il faut bien le constater à l'avance, un délit qui se commettra de lui-même pour ainsi dire, à l'insu de ceux qui en seront responsables , contre leur intérêt et contre leur volonté.

Ainsi, tout le monde convient et le règlement lui-même prévoit qu'il peut arriver des affluences extraordinaires de voyageurs au moment où on les attend le moins.

Ces affluences peuvent se produire au point de départ , et là , sans doute , il est plus habituellement possible de satisfaire à toutes les demandes.

Mais elles peuvent aussi se produire en route ; elles peuvent se produire dans plusieurs stations intermédiaires et successives , de telle sorte qu'à un point donné les moyens matériels manquent pour offrir des places de chaque classe à tous ceux qui peuvent en demander.

On ne peut pas supposer, apparemment, que les agents de la Compagnie aient prévu ce résultat, ou qu'ils l'aient volontairement préparé ; car, pour la Compagnie, ce résultat se résout en une perte.

Cependant, le fait du refus d'un voyageur se produisant contre toutes les prévisions et se trouvant constaté par le commissaire de police ou par la plainte du voyageur lui-même, où cherchera-t-on, où trouvera-t-on le coupable? Sera-ce le chef de la gare du départ? Le chef de la station précédente? Le chef de la station qui a délivré des billets et qui refuse des places? Le chef du convoi? Le chef de la traction? Le chef de l'exploitation? Le directeur de la Compagnie? Ou bien, enfin, tous les agents de la Compagnie devront-ils être poursuivis ensemble pour ce délit complexe?

Ce n'est pas tout ; après l'insuffisance en général, vient l'insuffisance de chaque classe de voitures en particulier.

S'il est difficile de prévoir le nombre de voyageurs qui pourront monter et descendre dans vingt stations sur un parcours de 100 kilomètres, il est bien plus difficile encore de prévoir quelle classe de voitures cette masse flottante de voyageurs viendra demander, de préférence, sur chaque point.

La proportion des voitures de chaque classe qui seront demandées, de préférence, par le public, changera nécessairement pour chaque train et pour chaque station ; elle changera suivant les circonstances de chaque jour, de chaque heure, de chaque moment, suivant le temps et la saison, suivant le jour et la nuit, suivant le sens de la marche du train et l'éloignement de la station d'arrivée, suivant qu'un marché, une fête, une circonstance quelconque appellera la population d'une station à une autre, à telle ou telle heure, dans telle ou telle direction.

Qui donc serait certain de ne jamais se tromper en se chargeant de

4

composer les trains et de diriger le mouvement d'un Chemin de fer en prévision de cet inconnu ?

Qui voudrait accepter semblable charge, si, pour chaque erreur, il était passible de condamnations correctionnelles, d'amende et de prison ?

Il est évident qu'entre les particuliers qui en souffrent et les Compagnies qui en ont accepté les conséquences dans leurs cahiers de charges, ces erreurs ne peuvent donner lieu qu'à une action civile et jamais à une action correctionnelle, parce que des faits de ce genre ne constituent pas une *contravention aux dispositions de la loi de police concernant la sûreté de la circulation,* et parce que les pénalités de la loi de police ne doivent être appliquées qu'aux *contraventions concernant la sûreté de la circulation.*

Ce qui est évident aussi, c'est que le règlement est en contradiction avec lui-même, lorsque par l'article 17 il impose, sous les peines de la loi de police, l'obligation illimitée de mettre, dans tout convoi ordinaire de voyageurs, des voitures de chaque classe en *nombre suffisant,* et lorsqu'il défend, sous les mêmes peines, par l'article 18, de mettre dans un train de voyageurs plus de 24 voitures, et par l'article 20, d'atteler simultanément plus de deux locomotives à un convoi.

A la disposition de l'article 17, les Compagnies opposent donc cette double objection :

En fait, qu'il ne dépend pas d'elles ni de leurs agents d'assurer toujours et infailliblement l'exécution de cette prescription ;

En droit, que pour les Compagnies qui l'ont souscrite dans leurs cahiers de charges, l'obligation de mettre des voitures de chaque classe dans tous les convois ordinaires de voyageurs, constitue une obligation purement civile, dont l'inexécution ne peut pas être punie des peines du titre III de la loi de police;

Que, pour les Compagnies qui ne l'ont pas souscrite dans leurs cahiers de charges, cette obligation n'existe pas et ne peut pas être créée par un règlement de police.

TROISIÈMEMENT.

Art. 43.

« Des affiches placées dans les stations feront connaître au public les
» heures de départ des convois ordinaires de toute sorte, les stations qu'ils
» doivent desservir, les heures auxquelles ils doivent arriver à chacune des
» stations et en partir. »

« Quinze jours au moins avant d'être mis à exécution, ces ordres de ser-
» vice seront communiqués, en même temps, aux commissaires royaux, au
» préfet du département et au ministre des travaux publics, qui pourra pres-
» crire les modifications nécessaires pour la sûreté de la circulation ou les
» *besoins du public.* »

Les Compagnies ont demandé, dès l'origine, la suppression de ces derniers mots : « *ou les besoins du public.* »

Leurs observations à cet égard étant demeurées sans résultat, elles sont dans la nécessité de répéter que cette rédaction, comme celle de l'article 17, réunit et confond les conditions civiles et commerciales imposées aux Compagnies par leurs contrats avec l'État en ce qui concerne les transports, avec les conditions de police imposées ou à imposer aux Compagnies par les règlements de police, en ce qui concerne la sûreté de la circulation.

Ainsi, l'on comprend que l'autorité règle l'intervalle qui doit exister entre le départ des trains, et qu'elle assure par des pénalités l'observation de ce règlement ; mais donner à l'Administration, pour le nombre des convois ordinaires de toute sorte, leurs heures de départ et d'arrivée et les stations qu'ils doivent desservir, le droit de prescrire tout ce qu'elle jugera convenable, non seulement au point de vue de la sûreté de la circulation, suivant les expressions du titre III de la loi de police, mais encore au point de vue *des besoins du public* et de sa plus grande commodité, suivant les expressions du règlement et du rapport au Roi, c'est enlever aux Compagnies le droit de diriger l'exploitation qui leur a été concédée ; c'est leur enlever le droit de décider sur leurs dépenses aussi bien que sur leurs recettes ; c'est mettre à la discrétion de l'Administration leurs profits et leurs pertes ; c'est en un mot, organiser l'exploitation des Chemins de fer par l'administration publique avec les deniers, le personnel et la responsabilité des Compagnies.

Cette intervention de l'Administration qui vient se placer aujourd'hui sous la protection du règlement de police, c'est-à-dire de l'amende ou de la prison correctionnelle, n'a jamais été réclamée par elle, ni dans les contrats passés avec les Compagnies, ni dans les discussions des Chambres, ni dans les cahiers de charges, ni dans les lois de concession.

Et, cependant, il est des concessions récentes dont les conditions ont été considérablement aggravées par les cahiers de charges.

Nulle mention n'a été faite ni dans le texte ni dans la discussion des lois y relatives, du pouvoir sans limite que l'autorité s'attribue par l'article en discussion.

Avant la loi de police, l'autorité avait fait des règlements pour chacun des Chemins de fer en exploitation; jamais elle n'y avait non plus rien inséré qui ressemblât à la disposition de l'article 43 du règlement nouveau.

Elle avait réclamé des Compagnies exploitantes une simple communication de leur service, et rien de plus; et cette communication s'expliquait par la nécessité de s'assurer, au point de vue de la sûreté de la circulation, si l'intervalle suffisant y était observé entre le départ de tous les trains (1).

Quand le titre III de la loi de police se place, comme les anciens règlements particuliers, au point de vue unique de *la sûreté de la circulation,* on ne comprend pas sur quoi peut se fonder le règlement de police pour attribuer à l'Administration le droit de modifier le service des Compagnies, non seulement à ce point de vue *de la sûreté de la circulation,* mais encore au point de vue de ce qu'on appelle *les besoins du public,* c'est-à-dire des convenances de chaque village ou même de chaque particulier.

Le jour où le Gouvernement a contracté avec des Compagnies pour

---

(1) Lorsqu'il ne s'agissait que d'une communication pure et simple, le délai de quinzaine était déjà trop long; car la fixation des heures dépend de mille circonstances sur lesquelles les Compagnies ne peuvent pas toujours être fixées aussi longtemps à l'avance, surtout lorsqu'il s'agit de Chemins de plusieurs centaines de kilomètres et communiquant avec d'autres Chemins de fer soit français, soit même étrangers. Que serait-ce si, à l'expiration de ce délai de quinzaine, des modifications pouvaient être prescrites par l'Administration en dehors des exigences de la sûreté publique?

l'exploitation des Chemins de fer, il a dû compter sur d'autres moyens que les pénalités correctionnelles pour assurer un bon service au public.

Ce qui garantit, avant tout, ce bon service, c'est l'intérêt même des Compagnies.

Là où les besoins du public sont réels, les Compagnies sont les premières intéressées à leur donner satisfaction.

Cette question des besoins du public, de ses besoins apparents et de ses besoins réels, c'est la question la plus complexe, la plus difficile qui puisse se présenter à résoudre dans la pratique de tous les moyens de transport.

Puisque les cahiers de charges ont cru devoir garder une réserve prudente sur les détails de natures si diverses qui peuvent se rattacher à cette question, ce n'était pas au règlement de police à soulever des difficultés purement spéculatives pour résoudre ces difficultés par une véritable main-mise sur l'exploitation des Compagnies.

On dira peut-être qu'une Compagnie pourrait réduire la circulation à un seul train par jour; mais ni les lois ni les règlements de police ne sont faits en vue de pareilles éventualités, qu'on peut bien appeler impossibles; et de ce que, par exception apparemment, une Compagnie pourrait pousser l'absurde aussi loin, faut-il conclure qu'en règle générale l'Administration sera autorisée à fixer pour *toutes* les Compagnies le nombre et les heures de départ de *tous* les trains?

Si l'on suppose qu'une Compagnie pourrait méconnaître à ce point ses véritables intérêts, n'est-il pas permis de craindre aussi que l'autorité, dans l'exercice du pouvoir qu'elle s'attribue, ne soit dominée par des considérations et des influences qui ne sont pas précisément d'intérêt public ; — que des localités puissantes ne viennent demander que le service soit réglé selon leurs convenances particulières et au détriment de localités intermédiaires moins importantes ou moins habilement représentées? Et quel sera l'embarras de l'autorité quand ces exigences se produiront dans une de ces circonstances politiques où le refus est si difficile? L'intérêt général, dans une situation semblable, serait-il mieux apprécié, mieux garanti par l'Administration que par la Compagnie?

Il y a, d'ailleurs, au-dessus de ces difficultés et de ces doutes, un texte positif qui les résout : c'est le contrat passé entre l'État et les Compagnies. Un droit aussi exorbitant que celui que l'État s'attribue par le règlement nouveau, ne peut se présumer ; il ne peut résulter que d'une stipulation formelle, et cette stipulation n'existe dans aucun cahier de charges, et son insertion n'a jamais été réclamée ni par le Gouvernement ni par les Chambres, tant ils étaient convaincus que l'intérêt public était suffisamment protégé par l'intérêt même des Compagnies concessionnaires.

Le règlement par les Compagnies du nombre de trains, des heures de départ et d'arrivée, et des stations à desservir par chaque train, ce n'est pas seulement pour elles l'exercice du droit qui fait l'objet même de leur concession, c'est aussi la condition première et fondamentale de l'obligation qu'elles ont prise quand elles se sont engagées à assurer le service public sur leur Chemin ; c'est la condition de la responsabilité qu'elles encourent quand ce service n'est pas fait par elles convenablement.

Si, à la combinaison d'ensemble préparée par la Compagnie pour le règlement de son service, l'Administration substitue une autre combinaison, l'Administration n'entend pas sans doute en accepter les conséquences? Elle n'entend pas que les Compagnies pourront exercer leur recours contre le trésor public, si la combinaison par elle adoptée et imposée, au lieu d'être meilleure, était plus mauvaise que celle de la Compagnie, si elle portait préjudice à quelqu'un, si elle donnait lieu à des retards ou à des collisions, à des actions civiles ou criminelles, en un mot à des dommages-intérêts. La disposition finale de l'article 43 aurait donc pour résultat de déplacer l'autorité qui décide, sans déplacer la responsabilité, qui est pourtant inséparable de cette autorité.

Une seule exception a été introduite, dans certains cahiers de charges récents, à la liberté des Compagnies pour la fixation des heures de départ de leurs trains, et cette exception elle-même confirme la règle, car elle n'a été établie que moyennant indemnité fixée d'avance au profit des Compagnies qui y sont soumises.

Il a été formellement stipulé que, pour le service général de l'Administration des postes, et à la charge par elle de payer une rétribution de 75 c. au maximum par kilomètre et par train, avec addition de 25 c. par kilomètre et par voiture si elle emploie plus d'une voiture dans chaque train,

« Il pourra y avoir tous les jours, à l'aller et au retour, un ou plusieurs » convois spéciaux, dont les heures de départ, soit de jour, soit de nuit, ainsi » que la marche et les stationnements, seront réglés par le ministre des » finances et le ministre des travaux publics, après avoir entendu la Com- » pagnie. »

N'était-ce pas reconnaître de la manière la plus formelle que pour tous les convois, autres que ces convois spéciaux pour le service général de la poste aux lettres, la Compagnie seule avait le droit de régler les heures de départ, la marche, et les stationnements, sauf, bien entendu, les mesures de police pour assurer la sûreté de la circulation sur le Chemin?

Le même article stipule encore que :

« Lorsque la Compagnie voudra changer les heures de départs de ses con» vois ordinaires, elle sera tenue d'en avertir l'administration des postes » quinze jours à l'avance. »

N'est-ce pas reconnaître, et d'une manière tout-à-fait explicite, que, sauf l'exception qui précède pour les convois spéciaux de la poste aux lettres, et, par conséquent, pour tous les convois ordinaires autres que ces convois spéciaux, les changements dans les heures de départ et lieux de stationnement dépendent de la volonté seule de la Compagnie, en tant que la sûreté de la circulation n'y serait pas intéressée?

Quand le contrat civil est aussi précis, quand ce contrat civil est en même temps une loi, il n'appartient pas à un règlement d'administration publique d'en changer les conditions jusqu'au point de convertir en obligation générale ce qui, par le contrat et par la loi, a été établi comme une exception seulement.

Le texte des nouveaux cahiers de charges pour les Compagnies nouvelles, le silence des anciens cahiers de charges pour les Compagnies anciennes, s'opposent donc invinciblement à ce que l'Administration intervienne dans le règlement du nombre des trains, des heures de départ et des lieux de stationnement, autrement que pour assurer la sûreté de la circulation, et dans le cas où elle serait compromise par les Compagnies.

QUATRIÈMEMENT.

Article 44.

« Aucune taxe ne pourra être perçue par la Compagnie qu'en vertu d'une » homologation du ministre des travaux publics. »

La forme de cette homologation, pour les diverses taxes, est réglée par les articles 45 et suivants.

Il existe des Compagnies qui n'ont point été soumises, par leurs cahiers de charges, à cette formalité de l'homologation administrative préalable ; ces Compagnies ont le droit, par conséquent, de percevoir les taxes résultant de leurs cahiers de charges, en exécution directe de leurs lois mêmes de concession et sans qu'il soit besoin d'aucun autre acte administratif, à charge par elles, bien entendu, de ne pas dépasser les *maxima* déterminés par leurs tarifs légaux, mais avec toute liberté d'abaisser leurs taxes au-dessous de ces tarifs et sans délai déterminé. — Pour ces Compagnies, les droits et les obligations relatifs à la perception, à l'abaissement et au relèvement des taxes, ne peuvent pas être changés par un règlement d'administration publique, en contradiction avec leur contrat et avec la loi qui l'a consacré.

Il existe d'autres Compagnies qui sont tenues, en principe, par leurs cahiers de charges, de soumettre leurs taxes à l'homologation administrative préalable ; mais, pour ces dernières Compagnies, comme pour les premières, il reste toujours cette objection capitale au titre V tout entier, c'est que le règlement du 15 novembre ne peut soumettre aux peines de l'article 21 de la loi de police que les contraventions aux prescriptions relatives à la sûreté de la circulation, et que la perception des taxes et des frais accessoires n'a aucun rapport avec le titre III de la loi du 15 juillet 1845.

CINQUIÈMEMENT.

ARTICLE 50.

« La Compagnie sera tenue d'effectuer avec soin, exactitude et célérité, et
» sans tour de faveur, les transports de marchandises, bestiaux et objets de
» toute nature qui lui seront confiés.

» Au fur et à mesure que des colis, des bestiaux ou des objets quelconques
» arriveront au Chemin de fer, enregistrement en sera fait immédiatement
» avec mention du prix total dû pour le transport. Le transport s'effectuera
» dans l'ordre des inscriptions, à moins de délais demandés ou consentis par
» l'expéditeur et qui seront mentionnés dans l'enregistrement.

» Un récépissé devra être délivré à l'expéditeur, s'il le demande, sans pré-
» judice, s'il y a lieu, de la lettre de voiture. Le récépissé énoncera la nature
» et le poids des colis, le prix total du transport et le délai dans lequel ce
» transport devra être effectué.

» Les registres mentionnés au présent article seront représentés à toute
» réquisition des fonctionnaires et agents chargés de veiller à l'exécution du
» présent règlement. »

Cet article est, comme l'article 44, comme tout le titre V, complètement étranger aux mesures relatives à la sûreté de la circulation.

Il a pour objet de déterminer les conditions civiles et commerciales du transport des marchandises par les Compagnies.

Sous ce premier rapport, cet article ne peut pas plus que les articles précédents, donner lieu à l'application des peines du titre III de la loi de police, titre spécial aux mesures relatives à la sûreté de la circulation.

Les conditions déterminées par l'article 50 ont, il est vrai, été imposées à quelques Compagnies par les plus récents cahiers de charges; mais d'autres Compagnies ne les ont pas souscrites dans les contrats qu'elles ont passés avec l'État.

Si le titre II de la loi de police avait été adopté par les Chambres, tel qu'il avait été proposé par l'Administration, les Compagnies qui, après avoir contracté ces obligations civiles et commerciales, y auraient contrevenu, auraient été condamnées à l'amende, non à la prison; mais les Compagnies qui n'avaient pas contracté ces obligations n'auraient pu être condamnées à aucune peine, pas même à l'amende.

Avec la loi, telle qu'elle est aujourd'hui, ni les Compagnies nouvelles, ni, à bien plus forte raison, les Compagnies anciennes, ne peuvent être condamnées à la prison et à l'amende pour inexécution de ces obligations civiles et commerciales.

Pour les Compagnies anciennes, ces obligations n'existent pas, puisqu'elles ne les ont pas souscrites dans leurs cahiers de charges.

Elles n'existent pas plus depuis le règlement de police qu'auparavant, parce qu'un règlement de police ne peut pas créer des obligations civiles et commerciales pour les Compagnies, comme un cahier de charges par elles souscrit.

Lorsque des conditions de cette nature sont stipulées dans un cahier de charges, elles conservent leur caractère de conditions civiles et commerciales; la discussion reste ouverte devant les tribunaux civils sur la question de préjudice, de possibilité, de force majeure, etc.

Lorsque ces conditions sont commandées par un règlement de police, lorsque, outre les intéressés et les tribunaux civils, les commissaires de police et les tribunaux correctionnels sont chargés de tenir la main à leur exécution, alors, le fait le plus innocent, le moins préjudiciable, le plus utile même, devient un délit, et rien ne peut lui ôter ce caractère de délit.

A ce point de vue, les Compagnies nouvelles sont donc, de leur côté, fondées à prétendre que le règlement de police ne peut pas non plus changer la situation qui leur a été faite par leurs cahiers de charges, et qu'elles doivent rester justiciables des tribunaux ordinaires, en cas de contestations sur l'exécution des obligations de leur contrat.

Le second paragraphe de l'article 50 prescrit l'enregistrement immédiat des marchandises au fur et à mesure de leur arrivée, avec mention du prix total dû pour le transport.

Cette prescription est contraire à tout ce qui se pratique et peut se pratiquer pour la réception de la marchandise. Les arrivages se produisent en si grande quantité, à certains jours et à certaines heures, qu'il est impossible de procéder à l'enregistrement d'après cette méthode absolue, rigoureuse, inflexible, qui est prescrite par le règlement, et encore moins d'inscrire immédiatement le prix dû pour le transport de chaque colis, au moment même où on l'enregistre. Souvent on est obligé d'avoir plusieurs commis pour suffire aux besoins seuls de l'enregistrement, et, s'ils devaient faire immédiatement le calcul 'des prix, l'enregistrement lui-même ne serait pas fait en temps utile. La réception, le chargement et la réexpédition de la marchandise en souffriraient nécessairement.

Les Compagnies, dans l'intérêt de leur service, ont pourvu à la réception et à l'enregistrement des marchandises de la manière la mieux appropriée possible aux besoins du public et à leurs propres besoins. Jusqu'à présent, cet état de choses n'a donné lieu à aucune plainte sérieuse. Bien loin de là, les Compagnies qui transportent des quantités considérables de marchandises, ont exécuté ces transports avec une régularité, une promptitude et une sûreté qui n'ont jamais encore été obtenues dans aucun autre pays.

L'autorité peut-elle vouloir substituer à un état de choses établi d'après une expérience qui a quelque valeur, des prescriptions de détail purement théoriques, dont on n'a jamais fait l'essai qui n'ont aucune utilité réelle?

Peut-elle vouloir substituer l'action publique à l'action des véritables intéressés, qui n'ont jamais songé à la réclamer?

Peut-elle vouloir substituer les tribunaux correctionnels aux tribunaux de commerce et aux arbitres, amiables compositeurs le plus souvent, qui jugent aujourd'hui les contestations entre le commerce et les Compagnies, lorsqu'il y a irrégularité ou retard dans la remise à destination?

Mais ce n'est pas tout : l'article 50 exige encore que le transport des colis, bestiaux et objets quelconques arrivant au Chemin de fer, s'effectue *dans l'ordre des inscriptions*, à moins de délais demandés ou consentis par l'expéditeur, et qui seront mentionnés dans l'enregistrement.

Pour quiconque connaît le mouvement d'une gare de marchandises, l'exécution de cette prescription est impossible.

La nature même des objets de transport, la nécessité de les classer dans les wagons par volume et par poids, la limitation du nombre de wagons et de la force des machines entrant dans la composition des trains, mille circonstances peuvent conduire le chef de gare ou ses nombreux agents à abandonner *l'ordre des inscriptions* pour suivre un autre ordre plus rationnel et plus avantageux à tout le monde.

On comprend, par exemple, que, si des bestiaux arrivent après des plâtres, des vins, ou des cotons, qui peuvent attendre sans inconvénient, l'ordre d'inscription devra forcément être renversé.

Une expédition importante de marchandises est amenée par parties et successivement. Dans l'intervalle de l'arrivée des voitures qui la transportent, d'autres marchandises se présentent; si l'on veut obéir aux prescriptions du règlement, il faudra que ces dernières soient immédiatement enregistrées; il faudra que l'expédition en soit faite dans l'ordre de leur inscription. Il faudra donc, si l'on en est venu au dernier wagon qui doit compléter la charge de la locomotive, laisser de côté le dernier colis du premier expéditeur pour prendre le premier colis du dernier expéditeur; ou bien il faudra, si des barriques d'huile sont immédiatement suivies par des balles de drap, mettre les unes sur les autres dans le même wagon, plutôt que de le compléter avec d'autres barriques d'huile et d'ajourner les draps au lendemain ; et si les employés ont obéi à leur intelligence, plutôt qu'à la lettre morte du règlement, ils seront passibles d'amende et de prison.... Mais, dans ce système, il n'y a plus de travail de gare possible; depuis le chef de station jusqu'au dernier chargeur, personne n'osera toucher à un colis (1).

Il est évident que cette mesure va au-delà des intentions de l'autorité. On a voulu prévenir la fraude ou la faveur; mais on pouvait s'en rapporter, à cet égard, comme l'a fait le cahier de charges, à la sollicitude des tiers intéressés et à l'appréciation des tribunaux ordinaires, qui n'ont certainement pas manqué de sévérité envers les Compagnies, lorsque de semblables questions leur ont été soumises.

Faire intervenir les tribunaux correctionnels dans des questions aussi délicates, punir d'amende et de prison des faits matériels non dommageables pour autrui dans la plupart des cas, souvent même utiles aux tiers intéressés, et toujours innocents, on peut bien le dire, dans la pensée des agents qui en sont les auteurs, ce n'est pas rendre le service des Chemins de fer plus sûr pour le public, c'est seulement le rendre plus difficile pour les Compagnies en changeant toutes les conditions de leur contrat, plus difficile pour leurs agents en leur ôtant toute liberté d'action et d'appréciation.

L'on répond, il est vrai, à cette objection que l'Administration et ses agents seront intelligents et justes dans leurs exigences pour l'exécution du règlement.

Mais cette réponse, loin d'être une apologie, accuse, au contraire, la plus dangereuse de toutes les imperfections dans une loi pénale,

---

(1) Les inconvénients pratiques de cette disposition se sont déjà produits. Le commissaire de police de la gare de Rouen a voulu procéder à l'exécution rigoureuse de l'article 50, et la Compagnie a réclamé d'urgence auprès de l'Administration, en déclarant qu'elle ne pourrait pas continuer son service au milieu de pareilles entraves.

savoir un excès de sévérité qui en rend l'application matérielle impossible, et qui en laisse, par conséquent, l'application arbitraire à la discrétion de tous les agents de l'autorité.

Quand il s'agit de devis et de cahiers de charges pour des adjudications de travaux publics, l'on comprend, jusqu'à un certain point, l'usage de l'Administration qui consiste à imposer aux soumissionnaires les conditions les plus rigoureuses, des conditions mêmes qui sont parfois impossibles. C'est pour elle un moyen de tenir les entrepreneurs dans sa dépendance, afin d'obtenir des travaux à sa satisfaction.

Dans ce cas, elle reste maîtresse de se relâcher de sa rigueur toutes les fois que son but est atteint, et sa tolérance n'est autre chose que justice.

Mais ici, il faut le rappeler sans cesse, il ne s'agit pas d'obligations civiles et de cahiers de charges, il s'agit d'obligations pénales et de règlements de police qui n'admettent pas de tolérances. Praticables ou non, raisonnables ou non, toutes les exigences, toutes les sévérités du règlement appartiennent, dès aujourd'hui, non plus à l'Administration qui les a préparées, mais à tous les officiers de police judiciaire, à tous les tribunaux correctionnels, à tous les citoyens, quels qu'ils soient, qui peuvent en réclamer l'exécution rigoureuse, sous peine d'amende et de prison.

L'Administration elle-même ne suffira jamais à contenir et à diriger ses agents dans l'application d'une disposition aussi minutieuse que celle qui se trouve consacrée par l'article 50 du règlement de police.

A plus forte raison sera-t-elle impuissante pour empêcher les procès sans nombre que soulèveront inévitablement, d'une part, la jalousie des autres industries de transport contre les Compagnies de Chemins de fer, d'autre part, la mauvaise foi de certains correspondants qui cherchent toujours un prétexte pour exiger des réductions au moment où il faut payer le prix de transport convenu, et qui n'en manqueront jamais s'ils peuvent répondre à une assignation devant le tribunal de commerce par une citation en police correctionnelle, motivée sur le défaut d'expédition dans l'ordre d'inscription.

Par tous ces motifs, les prescriptions de l'article 50, pour la réception et l'expédition des marchandises, ne devaient pas trouver place dans le règlement de police.

En fait, ces prescriptions, lorsqu'elles sont consacrées par certains cahiers de charges, ne peuvent être mises à exécution qu'avec de certains tempéraments et dans une certaine mesure laissée à l'intelligence des employés chargés de ce service.

En droit, elles ne peuvent être imposées, sous les peines portées par la loi de police, ni aux Compagnies qui s'y sont obligées dans leurs cahiers de charges, ni, à plus forte raison, aux Compagnies qui n'ont contracté aucune obligation de ce genre dans leurs contrats avec l'État.

SIXIÈMEMENT.

Art. 52.

« Les Commissaires royaux seront chargés :

» De surveiller le mode d'application des tarifs approuvés et l'exécution des » mesures prescrites pour la réception et l'enregistrement des colis, leur » transport et leur remise aux destinataires ;

» De veiller à l'exécution des mesures approuvées ou prescrites pour que le

» service des transports ne soit pas interrompu aux points extrêmes des lignes
» en communication l'une avec l'autre;

» De vérifier les conditions des traités qui seraient passés par les Compa-
» gnies avec les entreprises de transport par terre ou par eau en correspon-
» dance avec les chemins de fer et de signaler toutes les infractions au prin-
» cipe de l'égalité des taxes;

» De constater le mouvement de la circulation des voyageurs et des mar-
» chandises sur les chemins de fer, les dépenses d'entretien et d'exploitation
» et les recettes. »

Antérieurement au règlement nouveau, les Commissaires royaux
avaient été institués près certaines Compagnies de Chemins de fer, en
vertu de dispositions spéciales, soit de leurs cahiers de charges, soit de
lois subséquentes.

Ainsi, pour les Compagnies de Paris à Orléans et de Strasbourg à
Bâle, des Commissaires royaux ont été nommés en exécution de conventions législatives qui, postérieurement à leur concession, ont accordé, sous différentes formes, à la première une garantie d'intérêt, à
la seconde un prêt avec privilége d'intérêt pour les actionnaires; pour
ces deux Compagnies, les fonctions de chaque Commissaire ont été calculées et mesurées sur l'intérêt de l'État, se rattachant à la garantie ou
au prêt qui avait été consenti.

Ces fonctions ont été réglées dans le plus minutieux détail, et la Compagnie entendue devant le Conseil d'État, par des ordonnances royales particulières qui servent en même temps de garantie à l'État contre
l'infidélité de la Compagnie ou de ses agents, de garantie à la Compagnie contre l'immixtion du Gouvernement ou de ses commissaires dans

son administration intérieure. Ces fonctions aussi, par suite, doivent cesser à l'expiration de la garantie ou à l'extinction de la dette.

Pour la Compagnie de Rouen, à laquelle l'État a accordé un prêt pur et simple, avec hypothèque sur le chemin et droit de saisir les revenus de la Compagnie faute de payement des intérêts, deux Commissaires royaux lui ont été imposés, malgré sa protestation, à l'époque même où la somme promise a été mise à sa disposition ; mais, depuis lors, rien n'a été fait pour régulariser la situation de ces Commissaires royaux, c'est-à-dire pour déterminer leurs attributions, en les renfermant dans la limite de l'intérêt particulier du Trésor, et en conservant toute la liberté d'action de la Compagnie, comme cela avait eu lieu pour les Compagnies d'Orléans et de Strasbourg à Bâle.

La Compagnie du Chemin de fer de la Loire se trouve, à cet égard, dans une situation analogue à la Compagnie du Chemin de fer de Paris à Rouen.

Pour d'autres Compagnies dont les concessions sont plus récentes, un Commissaire royal a été institué dans le cahier de charges lui-même, soit parce que l'État, construisant le Chemin de fer, se réservait une part dans les bénéfices, soit parce que, laissant la construction et l'exploitation à la Compagnie, il faisait de cette stipulation une condition expresse de la concession.

Les attributions des Commissaires royaux près ces dernières Compagnies devront être déterminées par des règlements spéciaux d'administration publique. Elles devront être calculées aussi en vue des conditions particulières dont ils auront à surveiller l'exécution. Jusqu'à présent, ces règlements spéciaux n'ont point été préparés, parce que les

Compagnies qu'ils concernent n'ont point encore commencé leur exploitation.

Donc, antérieurement au règlement nouveau, l'institution d'un Commissaire royal près d'une Compagnie de Chemin de fer était une institution toute spéciale, une institution contractuelle, d'intérêt purement civil, légalement définie et limitée par ordonnance royale réglementaire, une institution temporaire enfin pour certaines Compagnies suivant le cas.

En introduisant l'institution des Commissaires royaux dans le règlement de police, l'Administration tend à déplacer et à dénaturer cette institution pour les Compagnies près desquelles elle existait précédemment. Elle tend à modifier, d'une manière indirecte, les lois et les cahiers de charges qui l'ont créée et à anéantir les ordonnances royales qui l'ont organisée près quelques-unes de ces Compagnies.

Ce n'est pas tout :

Il existe un certain nombre de Compagnies, comme celles de Saint-Etienne à Andrezieux, de Saint-Etienne à Lyon, de Paris à Saint-Germain, de Paris à Versailles (rive droite et rive gauche), de Montpellier à Cette, dont les concessions, perpétuelles ou temporaires, n'ont jamais été soumises à la surveillance de Commissaires royaux.

En introduisant l'institution des Commissaires royaux dans le règlement de police, l'Administration tend à changer les conditions sous lesquelles ces Compagnies ont contracté avec l'État ; or, ces conditions ne peuvent pas être changées sans leur consentement, d'autant que les fonctions des Commissaires royaux, aux termes de ce règlement lui-même, sont complètement *étrangères à la sûreté de la circulation.*

Sous quelque point de vue qu'on la considère, et quelle que soit la situation particulière de la Compagnie à laquelle on voudrait essayer de l'appliquer, l'institution des Commissaires royaux *par le règlement de police* aurait donc pour résultat de changer cette situation, telle qu'elle a été légalement constituée par les cahiers de charges et par les ordonnances royales portant institution de Commissaires royaux, et par les lois en vertu desquelles ces ordonnances ont été rendues.

Et ce changement serait d'autant plus grave que le règlement de police ne contient aucune définition, aucune limitation des attributions et des droits qu'il entend conférer à ces fonctionnaires.

Jusqu'à présent, la surveillance qui leur était confiée n'avait d'autre objet que l'intérêt pécuniaire de l'État; si elle s'étendait sur les actes d'administration ou de gestion des Compagnies, elle ne s'étendait pas au-delà des actes qui pouvaient affecter, soit la recette, soit la dépense, d'une manière nuisible aux droits de l'État. Leur action était une action purement administrative; leurs pouvoirs se bornaient à faire des rapports au ministre, et si, malgré la définition légale, des difficultés sur l'étendue de leurs droits étaient survenues entre eux et les agents des Compagnies, ces difficulés auraient été résolues par l'Administration ou par les tribunaux administratifs, sans amende ni prison.

Aujourd'hui, avec les articles 52 et 53 du règlement de police, tels qu'ils sont rédigés, l'intervention des Commissaires royaux dans les affaires intérieures des Compagnies n'aurait plus de limite, parce qu'elle n'aurait pas même un objet spécial et déterminé.

Ce ne serait plus seulement dans l'intérêt de l'État, ce ne serait pas seulement non plus dans l'intérêt d'un particulier qui se plaindrait

d'avoir été lésé, que les Commissaires royaux pourraient se faire re-
présenter les traités passés par les Compagnies, leurs registres d'enregistrement et d'expédition, leurs livres de dépenses et de recettes.

Ils auraient ce droit, d'une manière générale et absolue, par mesure
de sûreté publique, pour cause de suspicion légitime contre tous les
actes des Compagnies concessionnaires de Chemin de fer, et sans qu'il
soit besoin d'autre motif !

Et l'exercice de ce droit serait protégé par toutes les rigueurs de
l'article 21 de la loi de police !

En vérité, on ne comprend pas quelle a été la pensée de l'Administration, quand elle a persisté à vouloir changer d'une manière aussi
complète la situation qu'elle avait faite elle-même aux Commissaires
royaux près des Compagnies.

L'Administration a-t-elle jamais rencontré de la résistance quand
elle a demandé aux Compagnies exploitantes les renseignements qu'elle
a pu désirer sur les détails de leur service ou de leur exploitation?

Ces détails ne sont-ils pas publiés, chaque année, par chaque Compagnie?

Quand les Compagnies font des objections aux dispositions des
articles 52 et 53 du règlement, ce n'est donc pas pour dissimuler
leurs actes, ni pour échapper à l'accomplissement de leurs obligations envers les tiers.

C'est par un sentiment de dignité personnelle, c'est pour défendre
ce qu'on peut appeler le droit public du commerçant et du citoyen, c'est
parce qu'elles ne peuvent pas reconnaître à un règlement d'administration publique le pouvoir de mettre en prévention tous leurs actes,

de soumettre toutes leurs dépenses et toutes leurs recettes aux investigations des agents de l'autorité, si honorables, si dignes de confiance que ces fonctionnaires puissent être et par leur caractère personnel et par leur position sociale, de les contraindre, enfin, à la communication de toutes leurs écritures, à toute réquisition, sous peine d'amende et de prison.

Les Compagnies persistent à penser que l'institution des Commissaires royaux ne devait pas trouver place dans le règlement général sur la police des Chemins de fer; que les attributions des Commissaires royaux institués antérieurement à ce règlement, doivent rester renfermées dans les limites déterminées par les ordonnances royales d'institution; qu'enfin, les attributions des Commissaires royaux à instituer ultérieurement près les Compagnies qui y sont soumises par leurs cahiers de charges, devront être déterminées par des ordonnances royales analogues, c'est-à-dire particulières à chaque Compagnie et appropriées à l'objet spécial soumis à leur surveillance dans chaque cas particulier.

SEPTIÈMEMENT.

Art. 60.

« Les Compagnies devront soumettre à l'approbation du ministre des tra-
» vaux publics leurs règlements relatifs au service et à l'exploitation des
» chemins de fer. »

Dans sa rédaction première, l'article 60 du projet de règlement, tout en reconnaissant aux Compagnies le droit de faire les *règlements relatifs au service*, semblait, par une omission inexplicable, leur dénier le droit de faire *des règlements relatifs à l'exploitation*, droit qui leur est expressément attribué par l'article déjà cité de tous les cahiers de charges.

Sur les observations des Compagnies, cette omission du projet a été réparée dans la rédaction définitive, et l'article précité, comme les cahiers de charges, pose le principe, désormais incontestable, que c'est aux Compagnies sous l'approbation de l'Administration, et non à l'Administration usant de son initiative, qu'il appartient de faire les règlements relatifs au *service et à l'exploitation* des Chemins de fer.

Toutefois, lorsque l'on compare l'article 60 du règlement et l'article précité des cahiers de charges, on remarque une différence de rédaction dont on n'aperçoit pas clairement l'intention et dont on sent le besoin de se rendre compte.

Les cahiers de charges disent :

« La Compagnie est autorisée à faire, sous l'approbation de l'Administra-
» tion, les règlements qu'elle jugera utiles pour le service et l'exploitation
» du Chemin de fer. »

Ils créent donc, pour la Compagnie, une simple faculté.

L'article 60 de l'ordonnance royale, au contraire, en supprimant ce membre de phrase : « *Les règlements que les Compagnies jugeront utiles*, » présente, comme pensée principale, l'obligation, pour la Compagnie, de soumettre des règlements à l'approbation de l'autorité.

Faudrait-il en conclure que l'Administration n'a pas complètement renoncé à son idée première, exprimée dans l'article 62 du projet de

7

1844, et qui consistait à forcer les Compagnies de lui proposer des règlements sur tous les objets qu'elle jugerait elle-même à propos de leur
désigner, sur les devoirs et les obligations à imposer par elles à leurs
employés pour leur service intérieur, aussi bien que sur les devoirs et
les obligations réciproques à imposer à ces employés et au public dans
leurs relations obligées à l'occasion de l'usage des Chemins de fer, —
qui avait, par conséquent, pour résultat de faire passer des Compagnies à l'Administration l'initiative, non seulement des règlements de
service et d'exploitation concernant les tiers, mais encore des ordres
de service même des Compagnies à leurs agents ?

Les Compagnies osent espérer qu'il n'en est pas ainsi, puisque la rédaction explicite du projet de 1844 n'a pas été reproduite dans le
règlement définitif.

Toutefois, comme l'article 60, dans sa rédaction actuelle, n'exclut
pas complétement cette pensée, comme le rapport au Roi dit, au contraire, que cet article 60 s'applique aux règlements pour le service *intérieur*, les Compagnies se croient dans la nécessité de reproduire ici
les objections qui ont déjà été opposées à l'article 62 du projet
de 1844.

Si, par ces mots : « *règlements de service et d'exploitation à soumettre à l'approbation de l'Administration* » on comprenait tous les
règlements de *service intérieur*, c'est-à-dire les règlements qui déter-
minent, dans leurs plus minutieux détails, les obligations journalières
de chaque agent ou de chaque employé, ce serait exiger une chose sans
intérêt et sans utilité; car chaque chef de service fait un règlement
pour ses commis; chaque chef de station fait un règlement pour ses

hommes de peine; chaque chef d'atelier, un règlement pour ses ou-
vriers, etc., etc.

Si l'on entendait soumettre à l'approbation de l'administration publique tous les ordres de service qui sont arrêtés chaque jour, soit par
la direction centrale, soit par les chefs des divers services, tels que la
traction, l'exploitation, l'entretien de la voie, la surveillance, etc., etc.,
ce serait demander une chose incompatible avec la possibilité matérielle elle-même. En effet, à part toutes les questions d'intérêt pécuniaire et de responsabilité, le temps manquerait absolument pour
demander et obtenir l'agrément de l'administration publique sur cette
multitude infinie d'ordres de toute nature qui doivent être donnés
instantanément et qui doivent être exécutés sur l'heure, sous peine de
pertes d'argent considérables, d'avaries ou de retards, de dommages-
intérêts par conséquent, sous peine même d'interruption totale du
service dans certains cas.

Ces injonctions de la Compagnie à leurs agents, quels que soient la
forme et le nom qu'on leur donne, c'est la pensée même qui admi-
nistre, qui dirige, qui exploite le Chemin de fer, transmise à ceux qui
ont pour devoir de l'exécuter.

Mettre l'administration publique en tiers entre la Compagnie qui
ordonne et son agent qui doit obéir, telle n'a jamais été la pensée des
cahiers de charges, et telle ne doit pas être, non plus, la pensée de l'ordonnance royale réglementaire. Ce que les cahiers de charges ont entendu par les règlements des Compagnies à soumettre à l'approbation
de l'administration publique, ce sont les prescriptions d'un tout autre
ordre, qui créent des obligations pour les tiers non soumis à l'autorité

des Compagnies et qui, à ce titre, ont besoin de la sanction de l'autorité publique pour devenir elles-mêmes obligatoires.

Les Compagnies croient donc qu'elles auront rempli, à cet égard, le vœu, tant des cahiers de charges que du règlement, quand elles auront soumis à votre approbation, Monsieur le Ministre, les règlements qu'elles jugeront utiles de placer, dans l'intérêt du service ou de l'exploitation, sous la protection spéciale de l'autorité publique, afin de les rendre obligatoires pour tous ceux sur qui elles n'ont pas directement autorité, c'est-à-dire, comme l'expliquent les cahiers de charges, pour les autres Compagnies chargées de l'exploitation de lignes d'embranchement ou de prolongement, et pour toutes les personnes qui emprunteraient l'usage du Chemin de fer ; les injonctions qu'elles donnent à leurs agents sous la forme et le nom soit de règlements soit d'ordres de service, n'ayant d'ailleurs besoin d'aucune approbation administrative, et s'exécutant sans difficulté par l'autorité seule que les Compagnies exercent elles-mêmes sur leurs agents.

HUITIÈMEMENT.

Art. 79.

« Seront constatées, poursuivies et *réprimées, conformément au titre III de* » *la loi du 15 juillet 1845* sur la police des Chemins de fer, les contraven-
» tions au présent règlement, aux décisions rendues par le ministre des tra-
» vaux publics et aux arrêtés pris sous son approbation par les préfets pour
» l'exécution dudit règlement. »

Sur cet article viennent se réunir et se résumer les observations déjà présentées sur chacun des articles précédents, dans le but d'établir que les pénalités prononcées par l'article 21 de la loi de police, sont applicables uniquement et exclusivement aux dispositions du règlement ayant pour objet des mesures *relatives à la sûreté de la circulation sur les Chemins de fer,* ainsi que l'indique le titre III de la loi sous lequel l'article 21 est placé.

Telle a été la pensée de la loi du 15 juillet 1845, et cela ressort, de la manière la plus évidente, de la discussion dans le sein des Chambres.

La limite étant ainsi posée par la loi, le règlement du 15 novembre pouvait-il étendre les pénalités de cette loi à l'inobservation des prescriptions *étrangères à la sûreté de la circulation,* à des prescriptions par exemple relatives au nombre des convois, à la perception des taxes, à l'ordre d'expédition des marchandises, et à des règlements ou à des ordres de service intérieur du genre de ceux dont on parlait à propos de l'article 60, et qui n'ont d'autre objet que de déterminer les obligations des employés vis-à-vis de la Compagnie ou vis-à-vis de leurs chefs ?

Les Compagnies ne le pensent pas et elles seraient complètement rassurées à cet égard, si, dans l'article 79, il ne s'était glissé une transposition de mots, et, par suite, une interversion d'idées qui pourrait conduire les tribunaux correctionnels à une interprétation toute différente.

Tel qu'il est rédigé, l'article 79 semble vouloir dire que les contraventions à toutes les dispositions, *quelles qu'elles soient,* tant du règlement que des décisions ministérielles et des arrêtés préfectoraux, seront constatées, poursuivies et *réprimées conformément* au titre III de la loi du 15 juillet 1845, c'est-à-dire, punies de la prison et de l'amende prononcées par l'article 21, tandis que, pour rentrer dans l'esprit de la loi, l'article 79 aurait dû dire que les contraventions aux dispositions du règlement, des décisions ministérielles et des arrêtés préfectoraux *relatifs à la sûreté de la circulation, conformément* au titre III de la loi, seraient constatées, poursuivies et réprimées conformément à ce titre.

Les Compagnies seraient heureuses d'apprendre, Monsieur le Ministre, que, dans votre pensée, l'article 79 peut et doit être interprété dans le sens limitatif qui vient d'être expliqué, le seul conciliable avec la loi du 15 juillet et avec les cahiers de charges qui font partie des lois de concession.

EN RÉSUMÉ :

Les Compagnies sont prêtes à exécuter, en principe et sauf les observations de détail que chacune d'elles pourrait avoir à vous présenter, le règlement du 15 novembre 1846, dans toutes les dispositions qui sont relatives à la sûreté de la circulation, en exécution des dispositions de la loi du 15 juillet 1845 sur la police des Chemins de fer.

Mais elles prennent la liberté de vous signaler, Monsieur le Ministre, certaines dispositions de ce règlement qui ne rentrent pas sous le titre III de la loi de police, et qui auraient pour résultat de substituer aux différents cahiers de charges qui les régissent, un cahier de charges nouveau, qui serait unique et commun pour tous ; qui imposerait aux Compagnies anciennes les obligations des Compagnies nouvelles, sans leur en conférer les avantages ; qui enlèverait à toutes les Compagnies, sans distinction, le droit de diriger leur exploitation, de régler leur service, de se servir de leurs établissements de départ et d'arrivée, de fixer le nombre et les heures de départ de leurs convois, de jouir et disposer, en un mot, de la chose même qui leur a été concédée par un contrat et par une loi.

Elles appellent votre attention la plus scrupuleuse sur les difficultés pratiques, sur les embarras et les complications, sur les conflits et les désordres auxquels pourraient donner lieu certaines prescriptions qu'elles considèrent comme trop minutieuses et qui touchent, d'ailleurs, de trop près aux questions de service et d'exploitation dont le règlement leur a été abandonné.

Elles croient devoir, enfin, pour la conservation de leurs droits, faire dès à présent, et entre vos mains, Monsieur le Ministre, leurs réserves contre toutes les dispositions du règlement qui pourraient avoir pour résultat de modifier leurs obligations envers l'État et les particuliers, telles qu'elles résultent de leurs cahiers de charges et de leurs lois de concession ; d'enlever aux tribunaux administratifs le jugement de leurs contestations avec l'État au sujet de l'exécution ou de l'interprétation de ces cahiers de charges ; d'enlever aux tribunaux civils et aux tribunaux de commerce le jugement de leurs contestations avec les particuliers sur toutes les questions d'intérêt pécuniaire se rattachant au transport des personnes et des marchandises ; de les soumettre , enfin , elles et leurs agents , à la juridiction correctionnelle pour des questions de droit civil, commercial ou administratif, qui ne peuvent pas être enlevées aux juridictions de droit commun.

Présenté le 1er Février 1847.

SUIVENT LES SIGNATURES :

Pour la Compagnie d'Andrezieux à Roanne......... **Michelot.**
Pour la Compagnie d'Amiens à Boulogne........... **Ch. Laffitte.**
Pour la Compagnie du Centre.................... **De Gascq,** vice-président.
Pour la Compagnie de Dieppe et Fécamp........... **Le comte d'Alton-Shée.**
Pour la Compagnie de Montereau à Troyes .... **Stourm.**
Pour la Compagnie de Mulhouse à Thann........... **N. Kœcklin.**
Pour la Compagnie du Nord..................... **Baron J. de Rothschild.**
Pour la Compagnie de Bordeaux.................. **Duc de Mouchy.**
Pour la Compagnie d'Orléans .... **F. Bartholony.**
Pour la Compagnie de Paris à Lyon............... **A. Gouin.**
Pour la Compagnie de Paris à Rouen.............. **De l'Espée.**
Pour la Compagnie de Paris à Saint-Germain....... **E. Pereire.**
Pour la Compagnie de Versailles (rive droite)......... **E. Pereire.**
Pour la Compagnie de Versailles (rive gauche)........ **Tarbé des Sablons.**
Pour la Compagnie de Rouen au Hâvre.............. **Ch. Laffitte.**
Pour la Compagnie de Saint-Étienne à Lyon.......... **Paul Seguin.**
Pour la Compagnie de Strasbourg à Bâle............ **G. West.**
Pour la Compagnie de Tours à Nantes.............. **Comte de la Pinsonnière.**

Ont adhéré postérieurement :

La Compagnie de Cette à Montpellier.
La Compagnie de Paris à Strasbourg.

CONSULTATION.

LES SOUSSIGNÉS ,

Vu le Mémoire ci-dessus,
Les cahiers de charges des différentes Compagnies,
La loi du 15 juillet 1845,
L'ordonnance royale du 15 novembre 1846 et le rapport au Roi qui l'a précédée,

Sont d'avis des solutions suivantes :

L'ordonnance royale n'a pu prescrire, sous les peines portées par le titre III de la Loi du 15 juillet 1845, des mesures qui ne sont pas relatives à la sûreté de la circulation.

Elle n'a pu convertir en délits correctionnels les infractions qui seraient commises aux clauses des cahiers de charges , dont l'objet est de régler les rapports civils ou commerciaux des Compagnies avec l'État, les voyageurs, ou les expéditeurs de marchandises.

Elle n'a pu surtout créer des délits, en imposant aux Compagnies des obligations civiles ou commerciales, lorsque ces obligations ne sont point établies par les cahiers de charges, et à plus forte raison, lorsque les termes mêmes des cahiers de charges les repoussent.

En fait, il est certain que les différentes dispositions de l'ordonnance citées dans le Mémoire des Compagnies ne sont pas relatives à la sûreté de la circulation ; qu'elles ont pour objet des obligations civiles ou commerciales.

En conséquence, l'ordonnance qui donne pour sanction à ces dispositions des peines correctionnelles et qui attribue aux tribunaux de justice répressive la connaissance des infractions à ces dispositions, est illégale et inconstitutionnelle.

8

Elle l'est encore sous un autre rapport, en ce que, indépendamment de la sanction pénale qu'elle donne à ces dispositions, elle modifie les cahiers de charges par l'introduction de conditions nouvelles, ou même de conditions contraires à celles qui ont été acceptées par les Compagnies.

§ Ier.

Quelques principes de droit public qui, dans leur nouveauté, à raison des circonstances dans lesquelles l'exposition en était faite, et peut-être aussi à cause des intentions de ceux qui essayaient de les propager, parurent subversifs de l'ordre, ont acquis aujourd'hui une autorité que personne ne songe à contester ; ils n'offrent plus même l'apparence d'un danger : les esprits les plus réservés se sont familiarisés avec des doctrines qui, autrefois, excitaient l'étonnement et la crainte, et les tribunaux en font l'application sans hésiter.

Au nombre de ces règles, il faut compter celle qui défend d'infliger des peines qui ne sont pas expressément prononcées par la loi ; celle qui ne permet pas au pouvoir exécutif d'empiéter sur les attributions réservées à la puissance législative ; celle enfin qui affranchit les tribunaux de l'obéissance aux ordonnances illégales ou inconstitutionnelles.

Des textes formels, une jurisprudence constante ne permettent aucun doute sur ces différents points.

L'article 13 de la Charte de 1830, l'article 4 du Code pénal, plusieurs arrêts de cours royales et de la Cour de Cassation sont des autorités devant lesquelles ne pourrait maintenant s'élever une controverse sérieuse, et qui dispensent de toute discussion (1).

Quelquefois, dérogeant à l'une des règles qui viennent d'être rappelées, le

(1) Les décisions les plus remarquables, et dans lesquelles les principes se trouvent nettement posés, sont les arrêts de la Cour de Paris du 4 décembre 1834, de la Cour de Metz du 25 février 1829, de la Cour de Rennes du 30 août 1837, de la Cour de Cassation du 29 octobre 1842 et du 24 mai 1843.

législateur consent à déléguer une partie de son pouvoir. Il pose un principe, et il confie à l'Administration le soin de le développer; il l'autorise à faire, par des règlements, ce qu'il n'a pas cru devoir faire lui-même, soit qu'il s'agisse de mettre en activité une institution nouvelle, soit qu'il faille prendre des mesures fiscales, locales et circonstancielles, soit enfin qu'il y ait lieu de déterminer les cas particuliers, dont la répression est nécessaire et dont une loi ne pourrait offrir la nomenclature complète.

Il n'est pas besoin de dire que de semblables délégations doivent être strictement renfermées dans les bornes qui leur sont assignées par le texte même qui les contient.

Un double motif commande une extrême réserve dans l'exercice d'un pouvoir ainsi conféré.

D'une part, c'est une exception au droit commun.

D'un autre côté, c'est un véritable mandat qui est donné par le législateur à l'Administration.

Or, en droit public, comme en droit privé, les exceptions ne peuvent être étendues, et le mandataire ne peut valablement agir que dans les termes du mandat.

L'article 21 de la loi du 15 juillet 1845 offre un exemple de ces délégations par le législateur d'une partie de son pouvoir.

Nous avons à apprécier l'usage qui en a été fait dans l'ordonnance du 15 novembre 1846.

Il était donc nécessaire de rappeler les principes qui doivent diriger les magistrats et les jurisconsultes en pareille occurrence.

Lorsqu'on a songé en France à la construction et à l'exploitation des Chemins de fer, l'opinion publique s'est principalement, on pourrait presque dire exclusivement préoccupée des combinaisons financières, des procédés d'exécution et des résultats économiques.

Plus tard, on a senti qu'il fallait pourvoir à la répression des crimes et des délits dont ces voies nouvelles de communication pourraient être le moyen, l'occasion ou l'objet; on a voulu prévenir, par la menace de graves châtiments, la destruction ou la dégradation de travaux si utiles, exécutés à si grands frais; on a surtout jugé qu'on devait infliger de rigoureux châtiments aux actes volontaires, et même aux simples imprudences, de nature à compromettre la vie des personnes.

Quelques déplorables accidents n'ont pas permis au Gouvernement et aux Chambres de différer la publication de ces dispositions pénales vivement sollicitées par l'inquiétude publique.

C'est dans ces circonstances, sous l'influence de ces impressions, et pour atteindre ce but, qu'a été faite la loi de 1845.

Elle est intitulée : *Loi sur la police des Chemins de fer.*

Elle est divisée en trois titres :

La rubrique du premier est ainsi conçue : *Mesures relatives à la conservation des Chemins de fer.*

La rubrique du second est : *Des contraventions de voirie commises par les concessionnaires ou fermiers de Chemins de fer.*

Enfin, le troisième est intitulé : *Des mesures relatives à la sûreté de la circulation sur les Chemins de fer.*

C'est dans ce titre que se trouve placé l'article 21, qui punit de peines correctionnelles toute contravention aux règlements d'administration publique sur la police, la sûreté et l'exploitation des Chemins de fer.

Cette simple indication de l'économie de la loi, ce coup d'œil jeté sur la distribution des matières qu'elle embrasse, et la place qu'occupe l'article dans lequel l'Administration puise son droit, suffiraient pour montrer de quelle nature doivent être ces règlements et sur quels objets ils peuvent intervenir.

N'est-il pas évident que leur but doit être de prescrire des mesures propres à procurer la sûreté de la circulation, à prévenir les accidents dont les voies de fer peuvent être la cause ou l'occasion ?

Mais la conviction à cet égard devient bien plus profonde et plus complète, lorsqu'on prend la peine d'examiner l'état de la législation au moment où la loi du 15 juillet 1845 a été votée, lorsqu'on étudie avec quelque soin les transformations qu'a subies le projet du Gouvernement dans la discussion des Chambres, lorsqu'on s'inspire des doctrines sur lesquelles est fondée toute notre législation, et qu'on réfléchit aux conséquences du système qui donnerait pour sanction à des conventions civiles, à des traités commerciaux, l'amende et la prison.

On l'a déjà dit, au moment où le projet du Gouvernement fut proposé aux Chambres, il n'y avait point de loi qui eût pour objet la répression des crimes ou des délits relatifs aux Chemins de fer.

Ce n'est pas à dire que l'autorité publique et la justice fussent entièrement désarmées.

Si une volonté préméditée, ou une imprudence avait causé la mort ou des blessures à quelques personnes sur une voie de fer, le Code pénal aurait été utilement invoqué, et les tribunaux de justice répressive en auraient fait l'application.

Si quelqu'un s'était permis de contrevenir aux règlements faits par l'autorité municipale dans le cercle de ses attributions et sur les objets confiés à sa vigilance par la loi du 16-24 août 1790, les peines de simple police auraient été infailliblement prononcées.

Si les travaux et les constructions exécutés par l'État ou les Compagnies concessionnaires avaient été endommagés ou détruits, si les concessionnaires ou les fermiers avaient eux-mêmes, dans l'exécution ou l'exploitation des Chemins de fer, commis quelques contraventions de grande ou de petite voirie, certainement on aurait trouvé dans le droit commun des moyens de répression.

Si, enfin, les conditions des contrats formés pour la confection ou l'exploitation des Chemins de fer avaient été violées, il est certain que les tribunaux civils ou de commerce auraient appliqué à ces contraventions les règles qui régissent les obligations conventionnelles.

Mais, à certains égards, et notamment en ce qui concerne la police et la sûreté de la circulation, il n'était pas convenable de laisser les choses en l'état où elles étaient; il n'était pas prudent de compter, dans tous les cas et pour un ordre de faits entièrement nouveau, sur les ressources et les précautions qu'offrait la législation générale; ces ressources et ces précautions pouvaient ne pas être, disons-le nettement, n'étaient pas assez étendues et assez énergiques. Il fallait pourvoir à des circonstances toutes spéciales par des dispositions spéciales aussi.

Dans cette pensée, le Gouvernement et les Chambres insérèrent dans les cahiers de charges quelques articles destinés à prévenir les accidents (1), et ils y déposèrent le principe du droit, pour l'Administration, de pourvoir, par des règlements d'administration publique, à certains objets d'intérêt public.

Ainsi, le cahier de charges du Chemin de Rouen contient un article dont le premier paragraphe est ainsi conçu : « Des règlements d'administration » publique, rendus après que la Compagnie aura été entendue, détermine- » ront les mesures et les dispositions nécessaires pour assurer la police, la » sûreté, l'usage et la conservation du Chemin de fer et des ouvrages qui en » dépendent (art. 33). »

Dans tous les cahiers de charges des autres Chemins de fer, on trouve des textes, sinon absolument identiques, du moins exactement analogues.

Que se proposait le législateur en les insérant dans les lois spéciales à chaque Compagnie? quel objet avait-il en vue? de quel pouvoir avait-il armé l'Administration?

Les termes mêmes des dispositions fournissent la réponse à ces questions.

Différentes expressions sont employées. Elles n'ont pas, elles ne peuvent avoir le même sens. Il n'est pas rare de rencontrer des répétitions inutiles dans la rédaction de nos lois ; mais ici, il faut bien reconnaître que, si chaque mot ne contient pas une idée, du moins ce n'est pas la même idée qui est exprimée par chaque mot.

En parlant d'abord *de la police* et *de la sûreté*, évidemment le législateur entendait désigner tout ce qui intéresse la sûreté des personnes, et autoriser les mesures propres à prévenir les accidents qui pourraient causer la mort ou des blessures.

En parlant de la *conservation* du Chemin et des ouvrages qui en dépen-

---

(1) Notamment les articles des divers cahiers de charges qui prescrivent l'établissement de clôtures dans toute la longueur des Chemins de fer.

dent, il avait pour but de prévenir tous les faits qui seraient des causes de destruction ou de dégradation pour de vastes et dispendieuses constructions, pour des monuments publics d'un grand prix.

Quant à l'*usage* du Chemin de fer, cette expression est un peu vague ; sans celles qui la précèdent et qui la suivent, elle pourrait être considérée comme embrassant tout ce qui se rattache, de près ou de loin, à l'exploitation du Chemin de fer, c'est-à-dire, tout à la fois, *et la sûreté des personnes, et la conservation du chemin, et même les rapports purement civils ou commerciaux dérivant de l'exploitation.*

Mais, encadré comme il est, le mot *usage* ne peut s'entendre que dans un sens beaucoup plus restreint.

Les Compagnies ont toujours soutenu que le paragraphe dans lequel il est placé, ne parlant ni de l'*exploitation* ni *du service* du chemin, et la suite du même article attribuant expressément aux Compagnies le droit de faire elles-mêmes des réglements sur ces deux derniers objets ; c'était à elles et à elles seules, sauf bien entendu l'approbation administrative, qu'appartenait le droit de règlementer l'*exploitation* et le *service ;* qu'en conséquence, l'Administration ne pouvait puiser dans le mot *usage*, que le pouvoir de faire des règlements relatifs au passage, sur le chemin, de wagons ou de trains appartenant à d'autres qu'à la Compagnie concessionnaire.

L'Administration a pensé, au contraire, qu'on pouvait donner au mot *usage* le même sens qu'au mot *exploitation*, et qu'elle avait le droit de réglementer tout ce qui concerne les rapports civils et commerciaux de l'exploitant avec le public.

S'il y avait nécessité absolue d'opter entre ces deux opinions, les Soussignés n'hésiteraient pas à adopter celle que les Compagnies présentent comme l'exacte interprétation des cahiers de charges; pour prévenir une discussion inutile, ils supposeront que le système de l'Administration doit être préféré.

Mais même dans cette hypothèse on doit reconnaître que les différentes espèces de règlements, quoique ayant une source commune, ne pouvaient avoir les mêmes effets, la même sanction, être soumis aux mêmes principes.

Ainsi, on a toujours dû comprendre et l'on a toujours compris, conformément aux règles générales de notre législation :

Que les contraventions aux règlements sur *la police et la sûreté* des personnes donneraient lieu à l'application des peines de simple police ;

Que les infractions aux règlements relatifs *à la conservation* du Chemin de fer seraient punissables comme des contraventions de grande voirie ;

Que les actes contraires aux règlements sur *l'usage* du Chemin de fer seraient justiciables des tribunaux administratifs, civils ou de commerce, suivant les cas.

Et il a été en même temps bien entendu que si, en dehors des règlements sur *la police et la sûreté*, sur *la conservation*, et sur *l'usage* du Chemin de fer, les concessionnaires s'écartaient des règles établies par les cahiers de charges, sur leurs *rapports civils et commerciaux* avec l'État et avec le public, les tribunaux administratifs, les tribunaux civils ou les tribunaux de commerce seraient seuls compétents pour connaître des réclamations qui pourraient s'élever.

En l'absence d'une législation spéciale, il était impossible de donner plus d'étendue aux pénalités, de supposer une sanction plus efficace des conventions, de poser d'autres règles de compétence.

C'est dans cette situation et en présence de ces errements incontestables, qu'une loi nouvelle parut nécessaire.

La pensée qui y a présidé a été, on l'a déjà dit, qu'il fallait plus de prévoyance dans les mesures préventives, plus de sévérité dans les châtiments.

Les exposés des motifs, les rapports des Commissions révèlent, ou plutôt expriment en termes formels cette intention.

Mais, en s'occupant d'un changement dans le but qui vient d'être indiqué, le Gouvernement a bien compris qu'il n'était pas possible d'adopter pour la loi nouvelle une autre division que celle qui avait été suivie dans les cahiers de charges.

Ainsi, il lui a paru logique de s'occuper successivement *de la sûreté des personnes, des contrats avec l'État, et de la conservation des chemins.*

Tel a été le plan du projet de loi présenté aux Chambres. Seulement les trois divisions ont été placées dans un ordre différent de celui qui était indiqué par les termes des cahiers de charges. *La conservation des Chemins* a été l'objet du premier titre, *les rapports dérivant des contrats* sont devenus la matière du second, et enfin le troisième a été consacré *aux mesures de police.*

Cette modification, assez indifférente en elle-même, a été définitivement adoptée.

Mais un changement d'une autre nature et d'une grande importance a été fait au projet du gouvernement.

Le titre Ier et le titre III ont conservé chacun leur rubrique, et si quelques-unes de leurs dispositions ont été changées, leur objet est resté le même.

Il n'en a pas été de même pour le titre II.

Dans le projet, il était intitulé : *Des mesures relatives à l'exécution des contrats passés entre l'État et les Compagnies.*

La Commission de la Chambre des pairs s'est élevée avec force contre le système dont ce titre était l'expression.

M. Persil, son organe, a combattu avec la double autorité qui s'attache à son nom comme homme d'État et comme éminent jurisconsulte, non seulement les dispositions contenues dans le titre, mais la pensée qui avait fait introduire le titre lui-même dans la loi.

Il a montré que le Gouvernement était armé par les cahiers de charges de moyens suffisants pour assurer l'exécution des obligations des Compagnies, qu'il pouvait surveiller les travaux et empêcher qu'on ne s'écartât dans leur

confection des conditions établies, qu'il avait droit de confisquer les caution-
nements, et de prononcer même des déchéances.

Puis, s'élevant aux plus hautes considérations sur l'effet des lois, sur la
différence que la nature même des choses a mise entre les contraventions qui
appellent la sévérité de la justice répressive et les infractions aux obligations conventionnelles, il a démontré, avec une admirable clarté et une énergique précision, que les cahiers de charges étaient de véritables contrats,
que ces contrats n'avaient pu se former et ne s'étaient formés en effet qu'avec
le concours et le consentement des Compagnies; qu'en acceptant les conditions qui leur avaient été offertes, elles n'avaient entendu se soumettre, en
cas d'infraction de leur part, qu'aux conséquences ordinaires qu'entraîne la
violation d'un contrat; qu'ajouter à ces conséquences, y ajouter surtout
des peines d'amende et de prison, ce serait porter atteinte à la foi des conventions; que cette atteinte serait d'autant plus grave qu'il s'agissait de conventions auxquelles le pouvoir législatif avait pris une part directe, qui
étaient revêtues en même temps de l'autorité de la loi et de la force du contrat; qu'on donnerait ainsi un effet rétroactif à une loi nouvelle, à une loi
pénale; que le principe de la non rétroactivité serait violé, dans les matières
où il importe le plus qu'il soit religieusement maintenu.

Il a enfin insisté sur ce point que les faits passibles de peines sont distincts
de ceux qui ne peuvent exposer qu'à des condamnations civiles; il a rappelé
cette incontestable vérité que l'inexécution d'un contrat ne donne lieu qu'à
des dommages-intérêts.

La démonstration a paru complète à la Chambre des Pairs.

Aucun de ses membres n'a sérieusement contesté les principes élé-
mentaires si bien présentés par M. Persil; aucun n'est venu soutenir
qu'après avoir dit aux Compagnies : Voilà vos obligations envers l'État,
on pouvait ajouter rétroactivement : Si vous y manquez, ce ne sera pas
seulement par la confiscation du cautionnement, par la destruction des
travaux indûment faits, par la confection à vos frais de ceux qui auraient
dû être exécutés, par la déchéance de la concession, par des dommages-
intérêts, que vous serez punies; vous serez encore condamnées à l'amende
et à la prison.

Personne n'a prétendu que les infractions aux contrats fussent passibles de peines correctionnelles.

Seulement, sans doute pour conserver à la loi sa première division, pour y maintenir un titre II, on a fait remarquer que les Compagnies pourraient, en s'écartant des dispositions des cahiers de charges, se rendre coupables de véritables contraventions de grande voirie, soit en portant atteinte au service de la navigation sur les fleuves ou rivières, ou à la viabilité des routes royales, départementales et vicinales, soit en nuisant au libre écoulement des eaux; et l'on a demandé qu'une répression spéciale fût organisée contre de pareils actes.

La Commission, par l'organe de son rapporteur, a répondu que de semblables dispositions étaient étrangères à une loi de police des Chemins de fer, car elles ne prévoyaient point des contraventions dont ces chemins fussent l'occasion, l'objet ou le théâtre; qu'elles étaient relatives à des entreprises sur les cours d'eau ou les routes ordinaires, lesquelles trouvaient leur répression dans la législation existante.

Cette observation était juste; néanmoins la Chambre a bien voulu admettre ces dispositions nouvelles; mais elle a, conformément aux conclusions de la Commission, rejeté les dispositions qui formaient le titre II du projet; elle a repoussé cet étrange système qui faisait une loi pénale rétroactive et qui convertissait des infractions à des contrats en délits correctionnels.

Par conséquent, la rubrique dont on a déjà donné le texte, et qui, on l'a vu, était ainsi formulée : *Des mesures relatives à l'exécution des contrats passés entre l'État et les Compagnies*, a disparu; elle a été remplacée par celle qu'on lit maintenant dans la loi : *Des contraventions de voirie commises par les concessionnaires ou fermiers des Chemins de fer;* et enfin on a substitué aux articles qui punissaient l'inexécution des contrats de l'amende et de la prison, ceux qui infligent des peines plus ou moins graves à des contraventions de voirie commises par les concessionnaires ou fermiers des Chemins de fer.

Cet historique de l'une des transformations qu'a subies la loi de 1845, jette une vive lumière sur le sens de son article 21.

On voit que le législateur a repoussé et condamné formellement cette théorie, que la simple inexécution d'un contrat peut être convertie en délit.

Il l'a repoussée et condamnée (ceci est remarquable), alors qu'il s'agissait de contrats dans lesquels figurait l'État comme partie, et dont l'inexécution était une atteinte aux intérêts généraux.

A combien plus forte raison, doit-elle être proscrite, lorsqu'il est question de conventions dont de simples particuliers réclament le bénéfice, dont l'infraction ne peut nuire qu'à des intérêts privés !

La grave autorité que l'on trouve dans l'opinion, si clairement exprimée de la Chambre des Pairs, n'est pas cependant la plus imposante qu'on ait à faire valoir. Au-dessus d'elle il y a l'autorité de la raison, qui a ici un caractère d'évidence tel, que les esprits les plus prévenus ne sauraient la méconnaître.

Comment ne pas sentir que, pour punir des troubles à l'ordre public, des dommages à de grandes et magnifiques constructions, des atteintes à la vie, à la sûreté des personnes, il faut des mesures plus sévères, des pénalités d'un autre ordre que pour réprimer l'infraction à une convention ?

Que l'on consulte toute notre législation, et l'on verra partout établie la distinction entre des faits de nature si différente.

Examinons, sous l'influence des circonstances qui viennent d'être rappelées et des réflexions qu'elles ont fait naître, examinons l'article 21.

Ce n'est plus seulement la place qu'il occupe, les termes dans lesquels il est conçu, l'intitulé de la loi, la rubrique du titre dans lequel il se trouve, qui indiquent sa portée et le but des règlements d'administration publique dont il parle ; c'est l'esprit général de la loi qui démontre que ces règlements doivent contenir exclusivement des mesures de police, des mesures relatives à la sûreté des personnes ; que, s'ils portaient sur d'autres objets, s'ils allaient jusqu'à imprimer le caractère de délits à des faits qui seraient seulement des infractions aux obligations conventionnelles des compagnies, soit envers l'État, soit envers les particuliers, ils seraient pris en dehors du cercle dans lequel la loi a permis à l'Administration de les prendre.

On le répète, en 1845, la législation générale n'était ni assez précise, ni assez sévère pour faire face aux dangers, pour subvenir aux besoins produits par l'établissement des chemins de fer.

La loi du 15 juillet prévoit avec plus de précision et punit avec plus de rigueur.

Chacun de ses titres embrasse une catégorie particulière de faits. Le titre III s'occupe de ceux qui peuvent compromettre la vie et la sûreté des personnes; il en détermine quelques-uns d'une manière spéciale et prononce les peines dont ils sont passibles; puis, le législateur, reconnaissant l'impossibilité de désigner avec détail tous les actes qui sont susceptibles de produire un mal ou un danger de la nature qui vient d'être indiquée, autorise l'Administration à publier des règlements qui pourvoient à toutes les nécessités que révèlera l'expérience, qui prennent toutes les précautions que la pratique pourra suggérer.

Enfin, sortant des règles du droit commun qui ne permettent de prononcer, au cas d'infraction aux règlements d'administration publique, que des peines de simple police, il autorise l'application de peines correctionnelles.

Mais ce pouvoir extraordinaire, ainsi conféré, ne saurait s'étendre au-delà des faits en vue desquels il a été accordé.

Confondre des actes qui peuvent causer le choc de deux convois, qui peuvent faire périr cent personnes, ou même seulement causer une blessure à un seul homme, confondre, disons-nous, de pareils actes avec ceux qui pourront retarder une expédition de marchandises, empêcher un voyageur d'arriver à jour fixe, faire payer plus cher le prix du transport et autres de même nature, c'est mêler et confondre les choses et les faits les plus hétérogènes; et si cette confusion va jusqu'à appliquer les mêmes peines dans des circonstances si différentes, elle est intolérable.

A l'aide de quelles raisons essaiera-t-on de justifier ce dangereux mélange, que repoussent la nature des choses, le bon sens, l'humanité, le texte et l'esprit de la loi?

Dira-t-on que les Compagnies pourront trouver de l'intérêt à méconnaître leurs engagements, en calculant que les bénéfices de l'infraction seront supérieurs au montant des condamnations;

Que l'Administration mettra de la prudence dans la rédaction de ses règlements ; qu'elle ne comprendra dans leurs dispositions que les atteintes graves portées aux conventions ;

Qu'à leur tour, les magistrats seront sobres de poursuites et modérés dans l'application des peines ?

Enfin, cherchera-t-on à tirer du mot *exploitation*, qui se trouve dans l'article 21, cette conséquence que *tout fait qui se rattache à l'exploitation des Chemins de fer*, peut être compris dans les règlements administratifs et déclaré punissable ?

Quelques mots suffiront pour faire justice de ces objections.

D'abord, depuis qu'il y a des conventions entre les hommes, il y a des infractions aux conventions. Ces infractions sont des événements qui se sont produits depuis assez longtemps, qui sont assez fréquents et assez graves pour que le législateur ait songé à les prévenir et à les réprimer.

Quelles mesures a-t-il prises pour y parvenir ? Est-ce par des amendes et par la prison ? Pas le moins du monde.

Il a seulement ordonné que le dommage causé par l'infraction serait réparé par une indemnité justement proportionnée. Les articles 1142, 1184 et 1382 du Code civil et plusieurs autres, posent et appliquent ce principe qui, jusqu'à ce jour, n'avait pas trouvé de contradicteur.

Supposer que le dédommagement ne sera pas égal au grief, c'est dire que les juges ne feront pas leur devoir, ou ne seront pas assez clairvoyants pour apprécier la perte qu'aura causée la violation des clauses d'un contrat.

Si cette présomption devait être admise, ce ne serait pas seulement aux concessionnaires de Chemins de fer qu'il faudrait appliquer les sévérités qu'on cherche à introduire, on devrait généraliser la mesure, transporter les articles 1142 et 1184 du Code civil au Code pénal, et changer les dommages-intérêts qu'ils prononcent en emprisonnement et en amendes.

L'égalité devant la loi serait profondément blessée par une pénalité spécialement réservée à une classe de personnes, à un genre d'industrie.

En second lieu, l'Administration mettra, dit-on, de la sagesse et de la mesure dans l'exercice du pouvoir qui lui est conféré. Les Compagnies de Chemins de fer ne peuvent, à la vue de l'ordonnance du 15 novembre, croire à une parfaite modération ; dans tous les cas, leur confiance ne va pas jusqu'à abandonner les garanties que leur donnent les règles du droit public et les principes généraux de notre législation criminelle. Elles pensent, et elles ont raison de penser, que la loi du 15 juillet 1845 n'a délégué à l'Administration le pouvoir de faire des règlements que sur les faits qui peuvent compromettre la vie et la sûreté des personnes. En conséquence, elles n'entendent point être soumises au pouvoir règlementaire ainsi délégué , lorsqu'il s'agit de leurs conventions civiles ou commerciales , des obligations qu'elles contractent avec l'Administration, avec les voyageurs ou les négociants.

Elles sont aussi parfaitement sûres que les magistrats sauront concilier, comme toujours, une juste sévérité avec une sage indulgence ; mais elles ne peuvent s'empêcher de réclamer contre l'extension possible de châtiments assez durs à des actes qu'ils ne doivent pas atteindre.

Elles savent qu'il n'appartient qu'au législateur de donner aux faits le caractère de crimes ou de délits ; que le juge, esclave de la loi, ne peut arbitrairement déclarer des criminalités et appliquer des peines.

Elles se placent sous la protection de ce principe si bien inscrit au frontispice du Code pénal.

Quant aux conséquences qu'on voudrait tirer du mot *exploitation* , elles seraient bien extraordinaires et bien imprévues, si l'on était autorisé à induire de l'emploi de cette expression dans l'article 21 de la loi, que chacune des obligations civiles ou commerciales imposées aux Compagnies, doit ou peut avoir pour sanction des peines correctionnelles.

On a vu que le titre II tout entier du projet a été rejeté, précisément parce qu'on a reconnu que les infractions aux conventions souscrites par les concessionnaires de Chemins de fer, n'avaient point le caractère de délits ; et un seul mot placé dans l'un des articles du titre III aurait la puissance d'autoriser l'Administration à classer parmi les délits, des infractions aux contrats qui lient les concessionnaires envers l'État et les particuliers ! On comprend qu'il y aurait là une contradiction manifeste, ou, ce qui serait pire et ce qu'on ne peut supposer un seul instant, une indigne supercherie.

La loi, pour employer l'expression de M.-Persil, manquerait de la franchise et de la candeur qui doivent être ses caractères essentiels, si elle permettait, d'une manière indirecte et par une sorte de surprise, ce qu'une discussion solennelle et un vote formel auraient déclaré impossible.

Au surplus, en suivant attentivement les phases de la discussion, en étudiant avec soin les modifications successives qu'a subies la rédaction de l'article 21, on reconnaît que cette disposition ne doit pas être accusée de contradiction, qu'on ne peut pas non plus lui reprocher le défaut de sincérité ; que tout au plus elle a l'inconvénient d'être un peu obscure.

Après avoir été amendé à la Chambre des pairs, l'article était ainsi conçu : *Toute contravention aux ordonnances royales portant règlement d'administration publique sur la police, la sûreté, l'usage et la conservation des Chemins de fer, etc.*

La commission de la Chambre des députés pensa que cette rédaction ne devait pas être maintenue, que les mots *conservation* et *usage* étaient à supprimer ; le premier, parce que tout ce qui est relatif à la conservation des Chemins de fer était l'objet du titre Ier; le second, *parce qu'il ne rendait pas bien la pensée, attendu qu'il s'agissait d'exploitation.*

C'est, en effet, cette dernière expression que la commission proposa de placer dans la loi et qui y fut introduite, pour bien faire comprendre que les règlements devraient avoir pour but d'empêcher, dans le cours de l'*exploitation*, des actes contraires à *la sûreté publique.*

Pour qu'il ne reste aucun doute sur l'intention qui a engagé la commission à donner à l'article 21 la forme qu'il a maintenant, à y mettre le mot qui s'y trouve, il faut reproduire un fragment du rapport de M. de Chasseloup-Laubat à la Chambre des députés.

Le voici :

« Frapper des peines les plus sévères *la volonté criminelle*, quel que soit
» le moyen qu'elle emploie pour arriver à ses fins ; punir de peines consi-
» dérables encore les *imprudences* qui compromettent la vie des voyageurs ;

» enfin, contraindre à l'observation des règlements ceux-là surtout qui sont
» chargés de l'exploitation des Chemins de fer, tel est le triple objet que réclame
» la sûreté publique. Tel est aussi le but que se propose le titre troisième. »
Rien n'est plus clair et en même temps plus énergique que ce passage.

M. le rapporteur dit qu'il est nécessaire de contraindre à l'observation des
règlements, ceux-là surtout qui sont chargés de *l'exploitation* des Chemins de
fer.

S'il n'eût rien ajouté, on aurait pu se demander de quels règlements il entendait parler ; mais il complète sa pensée, il indique dans quel but les ex-
ploitants doivent être plus spécialement assujettis à l'observation des règlements ; c'est dans l'intérêt de *la sûreté publique*. Donc l'article 21 ne s'occupe
point des intérêts civils ou commerciaux, des infractions aux contrats, des
contraventions aux engagements, et il n'autorise point l'Administration à
s'en occuper dans ses règlements.

Si, dans le cours de leur exploitation, les Compagnies se permettaient des
actes qui, en même temps qu'ils seraient des violations des obligations par
elles contractées envers l'État ou les particuliers, offriraient des dangers pour
la sûreté des personnes ; ces actes, à raison de leur double caractère, pourraient donner lieu à une double répression. L'infraction au contrat serait
punie par des dommages-intérêts ; la contravention au règlement de police
entraînerait la condamnation à l'amende ou à l'emprisonnement.

Mais ce n'est qu'en ce sens et sous ce rapport qu'on peut reconnaître, à
des règlements administratifs sur *l'exploitation*, le caractère et la sanction de
règlements de police.

Ainsi, à quelque point de vue qu'on se place, soit que l'on consulte l'esprit et l'ensemble de la loi du 15 juillet 1845, soit que l'on examine son économie et sa distribution, soit que l'on considère l'état de la législation au moment où elle a été proposée, soit que l'on suive les modifications qu'a subies
le projet du gouvernement, soit qu'on puise la raison de décider dans les
rapports des commissions, soit qu'on s'éclaire par la discussion, soit enfin
qu'on s'arrête au texte et aux mots, l'on arrive à cette conviction que les
peines correctionnelles ne sont et ne peuvent être la sanction des règlements

administratifs, qu'autant que ces règlements ont pour objet de protéger les personnes contre *des faits coupables* ou des *actes imprudents.*

Cette conviction doit être d'autant plus ferme, qu'étendre l'autorité des règlements et la sanction pénale dont ils sont pourvus à de simples fautes contractuelles, à l'oubli, au mépris, à la violation des conventions, ce serait bouleverser toutes les idées reçues, tous les précédents, tous les principes de notre législation.

Sans doute, comme l'a fait remarquer M. Persil, dont on ne saurait trop répéter les paroles, sans doute la société doit veiller à l'exécution des conventions; mais elle n'a pas besoin pour cela de déployer la même force que pour la répression des délits. Lorsqu'une convention est violée, c'est la partie contractante qui souffre dans ses intérêts privés; on ne lui doit qu'une réparation privée; *une peine publique, si l'on peut parler ainsi, serait détournée de son objet.*

Ces puissantes considérations détermineront l'Administration, il n'en faut point douter, à modifier l'ordonnance du 15 novembre, parce que, comme on va l'établir, cette ordonnance a confondu les infractions aux contrats avec les atteintes à la sûreté publique.

Au surplus, la résistance des tribunaux obligerait infailliblement l'Administration à reconnaître l'erreur dans laquelle elle est tombée.

Jamais un tribunal de police correctionnelle ne consentirait à punir, des peines dont l'application lui est confiée, les Administrateurs des Chemins de fer qui ne seraient coupables que d'avoir manqué à leurs engagements civils et commerciaux.

Vainement les règlements d'administration publique auraient prévu les actes incriminés.

On répondrait, avec la jurisprudence des cours royales et de la Cour de Cassation, que les règlements sont sortis du cercle dans lequel leur action a été limitée par la loi; qu'ils constituent un excès de pouvoir; qu'ils n'obligent pas les tribunaux.

En un mot, c'est *une loi de police* qu'on a voulu faire et qu'on a faite.

Le gouvernement, les commissions l'ont dit et répété. Cela est écrit en toutes lettres dans le titre même.

Tout se résume dans ce mot.

Qu'on se demande, en effet, si l'on peut comprendre dans une loi de police des infractions à ces contrats, et la réponse qu'on recevra de tout homme sensé mettra fin à la controverse.

§ II.

Alors même que des engagements formels ont été contractés par les Compagnies, alors même que des clauses expresses insérées dans le cahier des charges leur ont imposé des obligations civiles ou commerciales, il n'y a, comme on vient de le voir dans le paragraphe précédent, d'autres moyens de contrainte à employer que des actions portées devant les tribunaux civils ou de commerce, ou devant la justice administrative. Jamais la police correctionnelle ne peut ni ne doit intervenir pour assurer l'exécution des conventions.

A plus forte raison, il est impossible de créer par des règlements administratifs de nouvelles obligations civiles ou commerciales pour les Compagnies, et de donner pour sanction à ces obligations nouvelles les peines d'amende ou d'emprisonnement.

Si l'autorité administrative se permettait de publier de pareils règlements, elle violerait le principe que les conventions ne se forment que par le libre consentement des parties, elle porterait atteinte à des conventions déjà formées en ajoutant à leur contexte.

Ces actes encourraient encore le reproche de rétroactivité.

Ils seraient enfin attaqués avec raison comme créant abusivement des délits, comme troublant l'ordre des juridictions, en ce qu'ils transporteraient aux tribunaux de justice répressive des débats qui sont de la compétence exclusive des tribunaux civils.

Cela est trop évident pour qu'il soit nécessaire d'insister ; on comprend d'ailleurs que tous ces reproches, toutes ces critiques prendraient un caractère plus grave encore, si l'autorité administrative ne se bornait pas à ajouter aux contrats ; si elle allait jusqu'à ordonner précisément ce qui serait en opposition avec les contrats, à dire le contraire de ce qu'ils disent, à vouloir le contraire de ce qu'ils veulent.

Si un tel excès de pouvoir avait lieu, ce ne serait pas seulement au nom des intérêts privés qui seraient lésés qu'il faudrait le dénoncer, il n'est personne qui ne dût s'en émouvoir et s'efforcer d'en obtenir réparation.

§ III.

Après avoir indiqué, dans les deux paragraphes précédents, le véritable sens de l'article 21 de la loi du 15 juillet 1845 ; après avoir prouvé que les règlements administratifs ne sauraient atteindre que les faits de nature à nuire à la sûreté des personnes, qu'ils doivent rester étrangers aux conventions et à leurs conséquences, qu'ils ne peuvent toucher qu'à la police, et qu'ils constitueraient un excès de pouvoir s'ils portaient sur les rapports civils ou commerciaux des Compagnies avec l'État ou les particuliers, il reste à examiner si l'ordonnance du 15 novembre 1846, en disposant comme elle l'a fait par les articles que signale le Mémoire, s'est ou non renfermée dans le cercle qui vient d'être indiqué.

Une appréciation de ce genre ne saurait être bien difficile. La distinction entre les faits ou les actes qui peuvent et ceux qui ne peuvent pas être l'objet des règlements administratifs est tracée si clairement, qu'il suffit d'un coup d'œil pour juger si elle a été observée.

Les explications données par les Compagnies sur chacun des articles qu'elles citent rendent la tâche encore plus aisée, et, après les avoir lues avec attention, on a la conviction intime que l'ordonnance est précisément tombée dans la confusion qu'elle aurait dû soigneusement éviter ; on reconnaît que ce n'est pas accidentellement, et en s'occupant de quelques détails, qu'elle a commis un excès de pouvoir ; on voit qu'elle n'a pas admis l'idée cependant si simple et si juste qui devait servir de base à ses dispositions; on voit qu'elle a très-résolument adopté un faux principe.

On le répète, après les explications du Mémoire, il y a peu de choses à ajouter; aussi, on se bornera à quelques réflexions aussi courtes que possible.

1° L'article 1er et l'article 70 de l'ordonnance sont ceux sur lesquels les Compagnies appellent d'abord l'attention.

Ces articles autorisent les préfets à prendre des arrêtés sur l'entrée, la circulation et le stationnement des voitures publiques dans les cours des Chemins de fer, et défendent l'admission, dans les cours et bâtiments, de crieurs, vendeurs ou distributeurs d'objets quelconques, sans autorisation des préfets; ils ne réservent aux Compagnies ni le droit d'être entendues, ni celui, qui est encore plus précieux, de prendre l'initiative.

C'est là, disent les Compagnies, une atteinte portée à une disposition commune à tous les cahiers de charges qu'elles transcrivent.

L'observation est juste :

Ou les mesures dont parlent les articles touchent *à la police, à la sûreté, à l'usage et à la conservation* des Chemins de fer, ou elles rentrent dans les règlements relatifs *au service et à l'exploitation.*

Dans le premier cas, il faut, aux termes du cahier des charges, que les Compagnies soient entendues avant la publication des règlements.

Dans le second, ce sont elles qui ont droit de les faire; l'approbation est la seule chose réservée à l'Administration.

On ne prétendra pas sans doute qu'il ne s'agit *ni de police, ni de sûreté, ni d'usage, ni de conservation, ni de service, ni d'exploitation* des Chemins de fer; car alors il n'y aurait pas matière à règlement. Les règlements ne peuvent évidemment intervenir que sur ce qui est relatif à la police, à la sûreté, à l'usage, à la conservation, au service ou à l'exploitation du chemin.

La critique que fait le Mémoire des articles 1er et 70 est donc justifiée.

Mais il ne faut pas qu'on se méprenne sur son véritable sens.

Les Compagnies ne disent pas, elles n'ont jamais dit que les règlements qui interviendraient sur les objets indiqués dans les deux articles, seraient nécessairement, et dans tous les cas, en dehors du cercle tracé par l'article 21 de la loi du 15 juillet 1845.

Ce n'est pas là leur grief.

Elles se plaignent seulement de ce que, pour ceux de ces règlements qui peuvent être légaux si l'on en considère le but, on les prive du droit d'observation, du droit plus important de proposition, qui leur est attribué selon les circonstances.

Soutiendra-t-on que les préfets peuvent, usant des pouvoirs généraux que l'autorité municipale tient des lois des 16-24 août 1790 et 19-22 juillet 1791, prescrire dans les cours des stations toutes les mesures qui leur paraissent convenables?

La réponse est facile.

L'ordonnance est rendue en exécution de la loi du 15 juillet 1845, en vertu de la délégation faite par cette loi à l'autorité administrative. Elle prévoit, non des contraventions punissables des peines de police, mais des délits correctionnels. Il ne s'agit donc point de l'exercice du pouvoir de police confié par la législation aux fonctionnaires dépositaires de l'autorité municipale.

2° Les Compagnies signalent ensuite, comme pouvant devenir nuisible à leurs intérêts et comme contraire à leurs droits, l'art. 17 de l'ordonnance qui exige que tout convoi ordinaire contienne un nombre suffisant de voitures de chaque classe, à moins d'une autorisation spéciale du ministre des travaux publics.

Elles font remarquer que cette disposition ne se trouve pas dans tous les cahiers de charges.

Elles disent que, lorsqu'elle n'y est pas insérée, le règlement administratif ne saurait l'y introduire, parce qu'il ne peut ajouter une clause dans un contrat, parce que les termes et les effets des conventions ne sont susceptibles de changements que par la volonté des parties.

Elles ajoutent enfin que, lorsque le cahier des charges renferme une clause pour la composition des convois de voyageurs, cette clause ne produit qu'une obligation civile, à raison de laquelle des actions en dommages-intérêts pourront être formées, qui, en cas de violation grave et permanente, pourrait autoriser des mesures administratives, la déchéance même ; mais dont jamais, sous aucun prétexte, l'inexécution ne constituera un délit punissable par les tribunaux répressifs.

Tout cela est incontestable. On n'oserait sérieusement prétendre que la sûreté est intéressée à ce que les convois soient composés de telle ou telle espèce de voiture, et que leur formation, considérée sous ce rapport, est une mesure de police. D'ailleurs, le Mémoire démontre très-bien qu'aucun inconvénient grave ne naîtra du système qu'il soutient ; que l'intérêt bien entendu des Compagnies garantit que les hypothèses extraordinaires dont on pourrait s'effrayer ne se réaliseront jamais ; qu'enfin il serait impossible, quelque bonne volonté qu'on y mît, d'exécuter toujours à la rigueur un règlement absolu dans ses termes et invariable dans ses prescriptions.

L'article 17 doit donc être retranché.

3° L'article 43 est également l'objet de justes critiques.

Le premier alinéa prescrit, il est vrai, une mesure convenable ; il est, en effet, très-bien que des affiches placées dans les stations indiquent au public les heures de départ et d'arrivée des convois, et les stations qu'ils doivent desservir.

Mais cette mesure est d'une telle importance pour les Compagnies, qu'on ne risquait rien à n'en point parler dans le règlement. Ceux qui exploitent les Chemins de fer savent que les voyageurs doivent être avertis du moment où l'on part, des lieux où l'on s'arrête, du temps qu'exige le parcours de chaque distance, et enfin du moment de l'arrivée. Aussi, ne se bornent-ils pas à placer des affiches dans les stations, ils en répandent dans tous les lieux publics, ils les font reproduire par les journaux.

Le premier alinéa de l'article 43 est donc surabondant.

D'un autre côté, et cette seconde observation est plus grave, il pourrait conduire souvent sur les bancs de la police correctionnelle les agents des Compagnies, depuis le directeur jusqu'au dernier employé.

Une affiche qui manquerait dans une station donnerait lieu à l'amende, et quelquefois à la prison.

Raisonnablement, cela est excessif ; légalement, cela est impossible.

Est-ce que la sûreté des personnes pourrait se trouver compromise, est-ce que les accidents dans la circulation seraient plus fréquents ou plus dangereux, si les affiches n'étaient pas exactement apposées ?

Non, évidemment.

Dès lors, le règlement d'administration publique ne devait pas s'occuper de l'apposition des affiches.

Le second alinéa de l'article 43 impose l'obligation de communiquer ce qu'il appelle les ordres de service sur le départ et l'arrivée des convois aux Commissaires royaux, aux préfets des départements et au ministre des travaux publics, afin que celui-ci *puisse prescrire les modifications nécessaires pour la sûreté de la circulation et pour les besoins du public.*

Cette disposition, on le voit, envisage sous un double rapport les modifications que pourrait introduire M. le ministre des travaux publics ; elle suppose que ces modifications auraient tour-à-tour pour objet *la sûreté de la circulation*, et *les besoins du public.*

Examinons l'article sous chacun de ces deux rapports.

Assurément, l'Administration a le droit, c'est même pour elle un devoir, de s'occuper de la *sûreté de la circulation.*

Mais les points sur lesquels porte l'article 43 (la fixation des heures de départ et d'arrivée, et la désignation des stations à desservir) ne peuvent se rattacher à la sûreté de la circulation, qu'à raison de l'intervalle qu'il faut laisser, soit au point de départ, soit aux stations intermédiaires, entre chaque convoi.

Or, l'art. 27 de l'ordonnance a réglé cette matière par une disposition toute spéciale ; il a pourvu à tout ce que peut réclamer la sûreté publique , car il réserve au ministre des travaux publics l'appréciation souveraine de l'intervalle qui doit être laissé dans chaque chemin, entre les départs successifs des convois.

Cette disposition de l'art. 27 est sage, elle est légale; mais précisément parce qu'elle a largement fait à l'Administration la part de pouvoir qui lui appartient, parce qu'elle satisfait sous ce rapport à toutes les exigences légitimes de la police, l'art. 43 n'avait rien à ajouter et les Compagnies sont fondées à voir dans la rédaction de ce dernier article, au moins une répétition inutile, peut-être même le germe d'une intervention abusive.

Après les modifications ayant pour objet *la sûreté de la circulation*, l'ordonnance suppose qu'il peut y avoir des modifications motivées par *les besoins du public*. En cela l'ordonnance n'a plus même l'apparence de la légalité.

Les besoins du public sont assurément une chose fort importante, et il convient que les Compagnies soient astreintes à les satisfaire.

Mais il a été pourvu à cet objet par les stipulations des cahiers de charges; ces stipulations ont créé pour les Compagnies des obligations graves, précises, impérieuses; elles doivent être exécutées; mais il ne peut dépendre de la seule volonté de l'Administration de les étendre, de les aggraver.

Précisément parce que l'on a, dès l'origine, réglé cette partie des rapports des Compagnies avec le public, par des conventions librement débattues et librement acceptées, on ne peut plus sortir de cette voie; des contrats seuls peuvent modifier des contrats; un règlement d'administration, un ordre ministériel, seront toujours impuissants à détruire des dispositions qui prennent leur source dans le libre consentement des parties.

Qu'on songe, d'ailleurs, que confier à l'autorité ministérielle le pouvoir de déterminer *ce qui convient aux besoins du public*, c'est lui permettre de s'ingérer dans l'appréciation des questions les plus délicates et les plus intimes de l'administration financière des Compagnies.

Pour que cela fût possible, il faudrait qu'une réserve expresse eût été placée dans les cahiers de charges.

Or, dans aucun on n'en trouve la trace.

Il ne faut pas surtout oublier que des peines correctionnelles ne sauraient

11

être appliquées pour punir des violations d'engagements purement civils, des infractions à des contrats.

Ces infractions, si elles étaient commises, ne resteraient pas d'ailleurs impunies; on sait à l'aide de quels moyens et devant quels tribunaux la répression peut en être demandée.

Enfin, la meilleure garantie d'un bon service se trouve dans l'intérêt même des Compagnies. Cette question du mode à employer pour que les besoins du public soient satisfaits, est la plus complexe, la plus difficile qui puisse se présenter. C'est dans les enseignements successifs de la pratique, dans les lumières fournies chaque jour par l'expérience, et non dans l'inflexible sévérité de règlements administratifs, qu'on peut en trouver la solution.

Ces observations doivent être accueillies avec d'autant plus de faveur, que, jusqu'à présent, ainsi qu'il est facile de le démontrer, les mesures sur lesquelles elles portent n'avaient point paru nécessaires à l'Administration elle-même.

On lit en effet la disposition suivante dans le règlement concernant la police et l'exploitation du Chemin de fer de Paris à Orléans, approuvé par M. le Ministre des travaux publics, et publié par M. le Préfet de police le 29 avril 1843 :

« La Compagnie devra faire connaître au public, par des affiches ou avis » imprimés, dont elle donnera communication immédiate au préfet de police » pour le département de la Seine, et aux préfets pour les autres départements » traversés par le Chemin de fer, les lieux de stationnement et les heures de » départ et d'arrivée. »

Voilà ce qui, jusqu'à ce jour, a été imposé aux Compagnies, et ce qui a été considéré comme suffisant par l'Administration. On a exigé qu'elles fissent connaître au public et à l'autorité les heures de départ et les lieux de stationnement. Il n'y avait là pour elles rien de nuisible, rien d'absolument contraire aux stipulations des cahiers de charges; elles s'y sont soumises avec empressement.

Mais elles se plaignent, et se plaignent à bon droit, lorsque, par une innovation fâcheuse, on voudrait les forcer à subir, sous prétexte que les besoins du public l'exigeraient, des modifications arbitraires à ce qu'elles auraient réglé elles-mêmes pour satisfaire ces besoins.

4° Le quatrième paragraphe du Mémoire est consacré à l'examen de l'article 44 de l'ordonnance

Il est dit dans cet article qu'aucune taxe ne pourra être perçue par les Compagnies qu'en vertu d'une homologation du ministre des travaux publics.

Les critiques dont il est l'objet sont de la même nature que celles qui ont été déjà dirigées contre les autres articles.

Le Mémoire dit, et dit avec raison :

Pour les Compagnies dont le cahier de charges ne parle pas d'homologation ministérielle, cette homologation ne peut être exigée. Les Compagnies sont libres de hausser ou de baisser leur tarif, en restant dans les limites qui sont posées dans le cahier de charges, sans avoir à solliciter ou à attendre l'approbation du ministre. C'est ainsi qu'est fait leur contrat, il faut qu'il s'exécute tel qu'il est.

Les Compagnies à qui, aux termes de leurs cahiers de charges, l'homologation ministérielle est nécessaire, doivent l'obtenir. Mais ce devoir n'est que l'exécution d'une convention, et les peines correctionnelles ne peuvent être employées pour en assurer l'accomplissement.

Ces propositions sont absolument les mêmes que celles dont la vérité a déjà été démontrée, et l'on ne pourrait que répéter ce qui a été dit précédemment.

Qu'il soit permis, cependant, d'ajouter ici une observation importante, qui se rattache à la fixation des tarifs, quoique l'art. 49 de l'ordonnance qui suggère cette observation ne soit pas signalé dans le Mémoire des Compagnies.

Le dernier alinéa de cet article porte que, si des modifications à quelques uns des prix affichés étaient prescrites par le ministre, les prix modifiés devront être affichés de nouveau et ne pourront être mis en perception qu'un mois après la date de ces affiches.

Si cette disposition suppose que, lorsque les Compagnies, voulant faire des changements dans leur tarif, soumettent leur projet au ministre, celui-ci a le droit d'y introduire des modifications, elle consacre une erreur.

Les cahiers de charges indiquent le maximum des prix, le délai après lequel un tarif établi peut être changé, et la durée que doivent avoir les changements une fois faits.

Il y a obligation pour les Compagnies de se renfermer dans ces limites qu'elles ont acceptées, d'observer ces conditions auxquelles il leur a convenu de se soumettre, et il y a pouvoir et devoir pour l'Administration de surveiller si ces limites sont respectées, si ces conditions sont accomplies.

Lors donc qu'un nouveau tarif lui est présenté, s'il est dans les termes du cahier de charges, elle doit l'homologuer; s'il en sort, elle doit le repousser. Son intervention ne peut consister que dans une approbation ou dans un refus. Il ne lui appartient pas de modifier ce qu'on lui propose, de refaire ce qui est fait; elle n'est autorisée qu'à dire un *oui* ou un *non*. Aller plus loin, baisser un prix, en élever un autre, substituer à la combinaison de la Compagnie une combinaison différente, ce serait violer les conventions, sortir de la légalité.

5° L'art. 50 de l'ordonnance est à son tour examiné dans le Mémoire.

On démontre sans peine que des dispositions qui prescrivent le transport des marchandises avec exactitude, célérité, et sans tour de faveur, sont complétement étrangères à la sûreté de la circulation : d'où la conséquence que, alors que les cahiers de charges contiennent les stipulations que reproduit l'art. 50, il n'y a pas possibilité d'appliquer au cas d'infraction des peines correctionnelles.

Il n'est pas besoin d'insister sur ce point, qui est hors de toute contestation; et cependant on ne peut s'empêcher de faire remarquer combien la confusion qui a déjà été signalée si souvent, entre des faits qui peuvent constituer des délits et ceux qui restent dans la classe des fautes contractuelles, est ici manifeste et saisissante.

Un négociant vient se plaindre que sa marchandise n'a pas été expédiée à son tour, qu'une faveur a été accordée à son concurrent.

Si sa réclamation est fondée, il est évident que les obligations contractées envers lui n'ont pas été exécutées fidèlement ; il établira le dommage qu'il a souffert, soit devant le tribunal civil , soit devant le tribunal de commerce, et il obtiendra l'indemnité qui lui est due.

Mais conçoit-on que les agents de la Compagnie , coupables seulement d'avoir manqué aux engagements stipulés aux cahiers de charges , coupables d'avoir éludé, ou même, si l'on veut, d'avoir ouvertement violé la loi du contrat, soient traduits en police correctionnelle pour ce fait ?

Sans être jurisconsulte, on sent, par une sorte d'instinct, que cela n'est pas légal. Sans doute , si un texte exprès avait dit : Les concessionnaires des chemins de fer sont mis hors du droit commun ; tous leurs actes , quels qu'ils soient , aussi bien lorsqu'ils se borneront à de simples infractions à leurs engagements commerciaux, que lorsqu'ils offriront un danger pour la sûreté de la circulation, seront qualifiés délits et punis comme tels , il faudrait bien se soumettre à cette disposition. Mais , tant qu'on ne citera pas une loi ainsi formulée , les règles ordinaires conserveront leur empire, les faits leur caractère propre, les tribunaux civils et correctionnels leurs attributions respectives. On continuera à punir par des condamnations à des dommages-intérêts la lésion causée aux intérêts civils, et par des peines correctionnelles l'atteinte à la sûreté des personnes.

Les Soussignés ne s'occupent point ici, comme le fait le Mémoire, des difficultés ou plutôt des impossibilités qui naîtraient du système que l'ordonnance tend à établir : chacun doit rester sur son terrain. Les Compagnies ont raison de montrer les inconvénients, de signaler les conséquences funestes du régime qu'on veut leur appliquer; mais les jurisconsultes à qui elles font l'honneur de demander un avis , doivent se borner à donner des solutions juridiques.

6° Les Compagnies s'attachent ensuite à l'examen des attributions que confère aux Commissaires royaux l'art. 52 de l'ordonnance, et elles se préoccupent des obligations que leur impose l'art. 53 envers ces fonctionnaires.

Il est évident que jamais le nom des *Commissaires royaux* n'aurait dû trouver place dans un règlement fait en exécution de l'art. 21 de la loi *de police* du 15 juillet 1845.

Les Commissaires royaux sont et doivent être étrangers à tout ce qui se rattache à la police des chemins de fer. Le Mémoire indique très-bien dans quel but ils ont été institués : on a jugé utile de les placer auprès des Compagnies, qui, par l'effet de combinaisons toutes particulières, ont des rapports financiers avec l'État, avec lesquelles le Gouvernement a, jusqu'à un certain point, des intérêts pécuniaires communs. C'est la surveillance de ces rapports, de ces intérêts qu'on a confiée aux Commissaires royaux.

Généraliser l'institution, l'étendre à des Compagnies dont les cahiers de charges sont muets, à des Compagnies placées en dehors des conditions qui, pour d'autres, expliquent et justifient la mesure ; comprendre dans les attributions de ces fonctionnaires ce qui n'a été ni prévu ni soupçonné au moment où les cahiers de charges ont été élaborés ; faire tout cela par un règlement de police ; appeler les tribunaux correctionnels à punir, par exemple, le refus ou le retard dans la communication des registres à ces Commissaires ; c'est mêler, il faut bien le dire, des choses de nature tellement contraire qu'on ne conçoit pas par quelle série d'idées on a pu arriver à les confondre.

L'État a fait un prêt à une Compagnie : il a raison de surveiller les garanties qu'on lui a données.

Il a assuré un minimum d'intérêt : c'est agir avec sagesse que de vouloir connaître ce que produit l'exploitation.

Créer des surveillants officiels dans ce double but, est une mesure qui ne peut qu'être approuvée.

Mais les Compagnies qui vivent et marchent par elles-mêmes, sans secours pécuniaires de l'État, peuvent dire que leurs conventions ne leur ont point imposé l'obligation de subir ce contrôle spécial ; qu'on ne saurait les y soumettre.

Toutes, d'ailleurs, sont bien fondées à réclamer, parce que l'ordonnance dénature véritablement les attributions des Commissaires royaux.

Elles sont établies sous la forme de Sociétés anonymes, et par conséquent l'Administration a le droit de veiller à l'exécution de leurs statuts ; mais ce droit doit s'exercer pour elles, comme il s'est exercé jusqu'à ce jour pour toutes les Sociétés du même genre. Infailliblement le pouvoir des Commissaires royaux , tel qu'il est réglé par l'ordonnance , deviendrait , contre la volonté de l'Administration sans doute , contre la volonté même de ceux qui seraient chargés de l'exercer , une cause incessante de débats , de discussions, de difficultés ; et ces débats et ces difficultés viendraient plus d'une fois se terminer sur les bancs de la police correctionnelle !

C'est avec bien de l'impartialité , avec une entière conviction que ces réflexions sont présentées ; on doit espérer qu'elles ne seront pas inutilement soumises à la sagesse du ministre qui a contresigné l'ordonnance.

7° Le Mémoire croit voir, dans l'art. 60 de l'ordonnance, un danger pour les Compagnies. Il fait remarquer , entre les termes de cet article et ceux des cahiers de charges , une différence qui n'est pas sans gravité , et il cite quelques mots du rapport au Roi qui ne sont pas rassurants.

Pour écarter des appréhensions qui peut-être ne sont pas fondées, pour dissiper les doutes qui sont toujours fâcheux , il faut s'expliquer bien nettement.

Il y a trois points qui semblent ne pouvoir être sérieusement contestés , et qui , une fois admis , doivent faire disparaître toute difficulté.

Premièrement , e est aux Compagnies qu'il appartient de faire et de proposer à l'approbation administrative les règlements relatifs à l'*exploitation* et au *service* des chemins ; l'Administration ne peut ordonner aux Compagnies de faire des règlements sur tous les objets qu'il lui plaît de leur désigner. Les cahiers de charges sont à cet égard formels , clairs et décisifs. On ne peut y rien changer.

Deuxièmement , les règlements proposés par les Compagnies sur le service du chemin ne peuvent ni ne doivent comprendre ces détails infinis, ces ordres si multipliés , ces relations si fréquentes et si variées des différents employés, ces mesures d'intérieur, étrangères au public et à l'Administration, qui se reproduisent et qui changent chaque jour , à chaque instant.

Demander aux Compagnies d'embrasser tout cela dans des règlements , ce serait exiger l'impossible.

Y eût-il possibilité , l'Administration ne serait pas en droit de le réclamer; car alors elle porterait l'œil et la main dans toutes les parties de la gestion industrielle et commerciale, tandis qu'elle doit seulement en surveiller la marche générale.

Troisièmement enfin , ainsi que cela a été démontré , les règlements de police seuls doivent avoir pour sanction les peines que prononce la loi du 15 juillet 1845 ; ces peines ne peuvent pas être appliquées dans le cas d'infraction aux règlements concernant le service et l'exploitation.

Ces trois propositions bien établies , il sera facile de dissiper tous les doutes , de percer l'obscurité que présente l'art. 60 de l'ordonnance.

Il est , au surplus , bien entendu que , si les règles adoptées par les Compagnies pour leur service intérieur avaient quelque effet nuisible sous le rapport de la police ou de la sûreté de la circulation, immédiatement l'Administration serait autorisée à intervenir et à prendre les mesures dont la nécessité serait reconnue.

8° Le dernier paragraphe du Mémoire rappelle le texte de l'article 79 de l'ordonnance. C'est dans cet article que se trouvent indiquées la forme des poursuites et les peines qu'encourront les contrevenants ; c'est sur cet article, par conséquent , que portent en résumé les plaintes et les reproches des Compagnies. Cela doit être ; car c'est lui qui fait l'application du principe contre lequel elles sont si intéressées et si bien fondées à lutter; c'est lui qui renferme la sanction de tous les autres , qui étend les peines correctionnelles à toutes les infractions qui seront commises aux différentes dispositions dont l'ordonnance est composée.

Les Soussignés se borneront donc à dire que cet article est l'expression abrégée de toutes les erreurs qu'ils ont déjà signalées , la consécration du faux système qu'ils ont combattu.

Qu'il soit permis, en terminant, de rappeler les propositions suivantes :

La loi du 15 juillet 1845 est une loi de police.

Le titre III de cette loi est exclusivement consacré *aux mesures relatives à la sûreté de la circulation sur les Chemins de fer.*

L'article 21, contenu dans ce titre, délègue à l'Administration le pouvoir de faire des règlements.

Ces règlements ne peuvent donc porter que sur la sûreté de la circulation.

S'ils touchent aux rapports civils des Compagnies avec l'État, avec le commerce, avec le public, ils sortent des limites qui ont été tracées par la loi.

Un pareil excès de pouvoir ne peut être toléré. La Chambre des pairs, en rejetant le titre II du projet, a bien montré quelle était, à cet égard, sa pensée.

Au surplus, la surveillance que le Gouvernement a droit d'exercer sur les sociétés anonymes; les moyens qu'il a pour les contraindre à observer fidèlement leurs statuts; la stipulation expresse qui soumet aux tribunaux administratifs le jugement des contestations entre l'État et les Compagnies, touchant l'exécution ou l'interprétation des cahiers de charges; les actions civiles ou commerciales qui peuvent être intentées par les citoyens lésés dans leurs intérêts, offrent des ressources très efficaces pour forcer les Compagnies à remplir leurs obligations envers l'État et envers les particuliers. On n'a pas besoin, on n'a pas le droit de recourir à la police correctionnelle et aux peines qu'elle prononce pour assurer l'exécution d'engagements administratifs, civils ou commerciaux. Il faut réserver ces moyens extraordinaires pour punir les actes qui peuvent compromettre la vie ou la sûreté des personnes.

Si quelques modifications devaient être apportées aux conditions civiles

12

et commerciales d'une concession de Chemin de fer, elles ne pourraient l'être par un règlement d'administration publique.

Il faut une convention librement débattue et librement consentie pour changer ce qui a été établi par une convention.

Délibéré à Paris, le 5 avril 1847.

J.-B. DUVERGIER, ancien Bâtonnier.

BAROCHE, Bâtonnier.

PAILLET, ancien Bâtonnier.

MARIE,   id.

CHAIX-D'EST-ANGE, id.

BERRYER, Avocat à la Cour Royale.

O. BARROT,   id.

CRÉMIEUX,   id.

BILLAULT,   id.

FABRE, Avocat aux Conseils du Roi et à la Cour de Cassation.

PARIS. — IMPRIMERIE CENTRALE DES CHEMINS DE FER, DE NAPOLÉON CHAIX ET Cⁱᵉ, RUE NEUVE-DES-BONS-ENFANTS, 7.

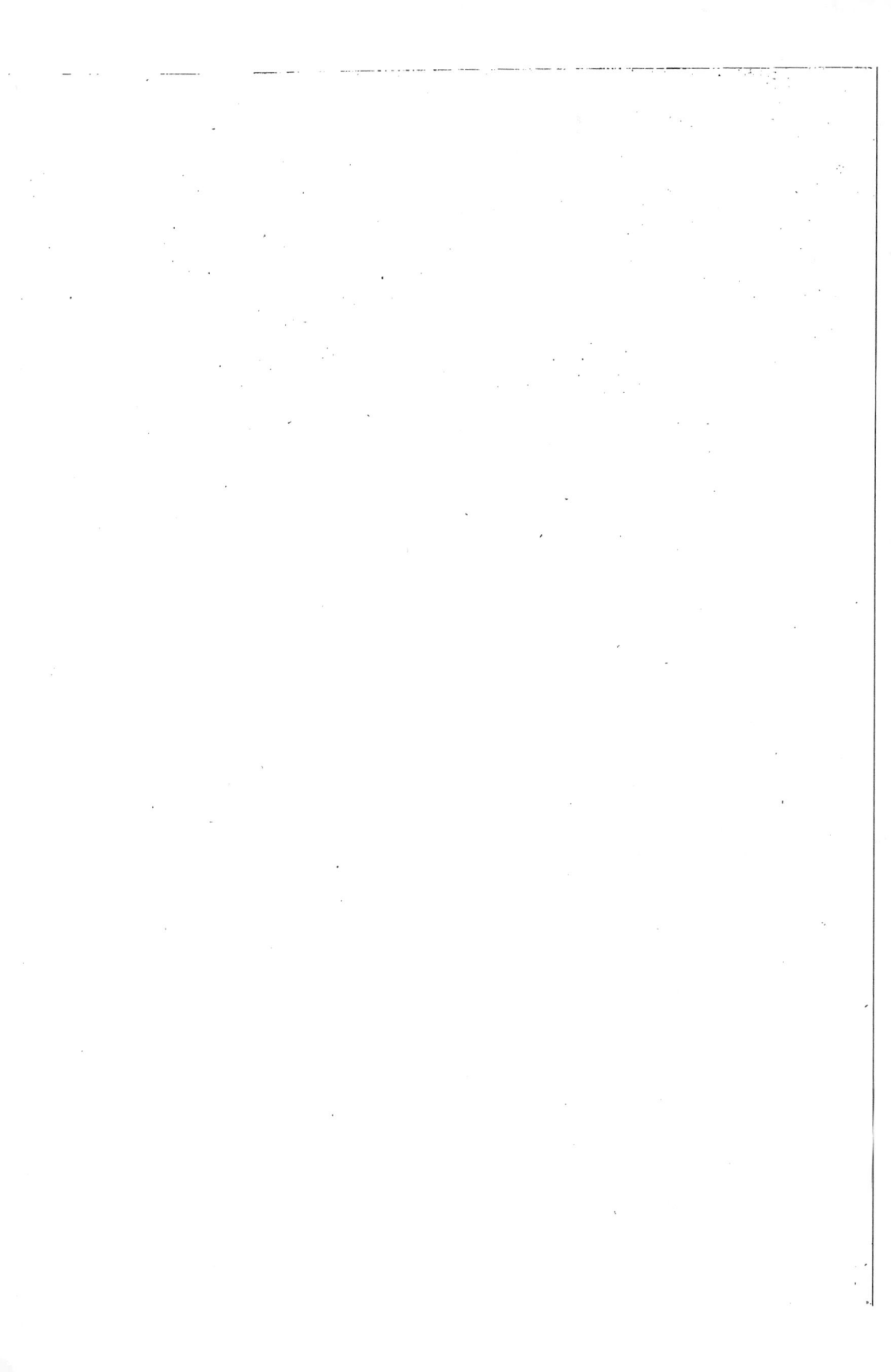